VIPKID 创始人及首席执行官米雯娟（Cindy Mi）

VIPKID的第一节外教课

早期学员与VIPKID员工的合影

2019年春节，20余名中国学生来到美国加利福尼亚州，与外教共度新年

一个男孩和一位老师一齐用中英文写春联

2018年上海国际童书展上，VIPKID 与《哈利·波特》出版方 Scholastic（美国学乐出版集团）宣布达成战略合作，"哈利·波特" 魔法英语课成为展会焦点

在中国综艺节目《声临其境》中，两位来自VIPKID的小学员用英文演绎《冰雪奇缘》片段，惊艳全场

2018年3月10日，第一次在盐湖城举办北美外教大会，近300名教师在活动上朗读了唐诗《登鹳雀楼》，为中国学生送上"更上一层楼"的开学祝福

中国小学员为老师画的狗年新春明信片，在盐湖城北美外教大会上大受欢迎

2018年8月8日，在得州达拉斯乔治·布什总统图书馆暨博物馆（George Bush Presidential Library & Museum）举办北美外教大会，现场来了400多名老师

达拉斯北美外教大会上，美国前第一夫人劳拉·布什和米雯娟进行交流，米雯娟教劳拉"很好""我爱你"等在线老师常用的鼓励孩子的中文

2019年3月9日,600名北美外教齐聚芝加哥,芝加哥市长现身北美外教大会现场并发表演讲

芝加哥北美外教大会上,米雯娟和老师们在一起

2016年，VIPKID所有员工在韩国举办公司年会

2017年8月23日，在VIPKID举行的新学期开学典礼发布会上，米雯娟宣布，公司完成总额达两亿美元的D轮融资

D轮融资发布会上的VIPKID员工

2018年8月2日,VIPKID D+轮融资发布会上,米雯娟公布以教育、科技、服务为核心的"V+战略"

2017—2018年度庆典上，Lingo Bus负责人苏海峰和员工一起表演节目

左图：2017—2018年度庆典上，三位联合创始人（左起张月佳、米雯娟、陈媛）在被邀请上台时露出不好意思的笑容

右图：2017—2018年度庆典在天津武清体育馆举行，来自北京、上海、成都、大连的员工齐聚一堂，现场超过5 000人

2018年10月18日,VIPKID 5周年庆典上的三位联合创始人

2019年1月5日,在北京五棵松凯迪拉克中心,VIPKID举办了万人年会

位于江西赣州于都县的法土小学，2017年接入VIPKID乡村公益项目，孩子们期待向老师介绍自己

2018年4月16日，VIPKID带领志愿者来到云南大理鼠街小学，为乡村的孩子举办了一场诗歌音乐会

鼠街小学的外教老师杰西卡（Jessica）意外出现在小学教室门口，孩子们把亲手从山上采摘的鲜花送给她

杰西卡第一次走下屏幕，在教室里给孩子们上课

2017年12月，Lingo Bus首次亮相乌镇第四届世界互联网大会

2018年4月，在博鳌亚洲论坛"民办教育新政"分论坛上，米雯娟分享教育科技的未来

2016年8月,前NBA球星科比·布莱恩特宣布成立风险投资基金 "Bryant Stibel",同时宣布战略投资中国在线青少儿英语教育品牌 VIPKID。科比后来在接受《洛杉矶时报》采访时透露,自己只用了5分钟就决定投资 VIPKID

2018年4月,在全球最高规格的教育科技峰会ASU(亚利桑那州立大学)+GSV(全球硅谷投资公司)上,GSV首席执行官迈克尔·莫(Michael Moe)把VIPKID的故事放在他于开幕式上的主题演讲里,作为中美教育合作的一个案例

The Global Classroom
How VIPKID Transformed
Online Learning

把世界带给孩子

一个美国记者眼中的 VIPKID

[美] 莉莉·琼斯 (Lily Jones) 著
陈友勋 译

中信出版集团 | 北京

图书在版编目（CIP）数据

把世界带给孩子：一个美国记者眼中的VIPKID /（美）莉莉·琼斯著；陈友勋译. -- 北京：中信出版社，2019.9
ISBN 978-7-5217-0880-6

I.①把… II.①莉…②陈… III.①企业管理—研究—中国 IV.① F279.23

中国版本图书馆CIP数据核字（2019）第162127号

把世界带给孩子——一个美国记者眼中的VIPKID

著　　者：[美] 莉莉·琼斯
译　　者：陈友勋
出版发行：中信出版集团股份有限公司
（北京市朝阳区惠新东街甲4号富盛大厦2座 邮编 100029）
承　印　者：三河市中晟雅豪印务有限公司

开　　本：880mm×1230mm 1/32　　插　　页：8
印　　张：7.25　　　　　　　　　　字　　数：176千字
版　　次：2019年9月第1版　　　　印　　次：2019年9月第1次印刷
广告经营许可证：京朝工商广字第8087号
书　　号：ISBN 978-7-5217-0880-6
定　　价：52.00元

版权所有·侵权必究
如有印刷、装订问题，本公司负责调换。
服务热线：400-600-8099
投稿邮箱：author@citicpub.com

目 录

序一　成长的爱之梦想家（李开复）　V
序二　VIPKID 活力的六大元素（刘骏）　XI
前　言　XXIII

第 01 章　一次受伤的经历与一个梦想　1

第 02 章　从 0 到 1 的快速成长　7

从想法到现实：第一堂课　7
用户破冰：需求与投资的艰难开局　10
改革团队　13
步入快车道　21
职业路径：对个性化发展的追求　23
文化从实践而来　26

第 03 章　如何让客户认可　29

孩子从被动到主动　31
个性化的教师选择　32
师生互动不同寻常　34
看得见的评价　38
重要角色：课堂救火队员　39

第 04 章 快速发展的奥秘：模式与经营　43

　　专属的学习成长伙伴　46
　　课程设计：在平衡中助力起飞　49
　　25 分钟的精彩　52
　　捕捉孩子的注意力　54
　　为孩子准确定位适合的课程　57
　　国内与国外标准的融合　59
　　如何让孩子养成自学能力　60
　　公开课：一个大挑战　61
　　STEM：小创造者联盟　63

第 05 章 当在线教室走进偏远农村　65

　　给乡村孩子上课　67
　　他们来了　71

第 06 章 找到更多老师　77

　　给加入一个理由　78
　　因为参与而信任　82
　　我给你看我的世界　83
　　疑惑：告诉我是不是在做梦　84
　　在分享中共同提高　88
　　吸引人的六苹果会员计划　89
　　去中国旅游　90

第 07 章　教师们的"家"　91

一场线下见面的启发　93
北美外教大会　95
这里是"胡同"社区　97
当我们面对面　99
我做的事情好像不是工作　101

第 08 章　跨洋纽带　103

第 09 章　Lingo Bus——大家都在学中国话　107

第 10 章　未来，让世界成为一个大课堂　115

第 11 章　这里的老师不一样　119

为什么我选择 VIPKID：争做教育改革的弄潮儿　119

乡村教育和我的 VIPKID 之旅　126
从热爱学习到热爱教育——我的人生转折之旅　134
信仰的力量　139
辗转、爱情和 VIPKID　146
在世界各地发现自我　153
重燃热情：我的 VIPKID 之旅　159
拥抱变化　165
我们是老师，更是妈妈　172

第 12 章　改变与梦想　177

我们对 Lingo Bus 的体验　177
给"翻译家"梦想插上翅膀　180
我的孩子不是"神童"　184
遇见更大的世界　188

结　语　193
回顾　194
致谢　198
展望未来　200

延伸阅读　203

序一　成长的爱之梦想家

■ 李开复

创新工场董事长兼首席执行官

对创新工场的很多人来说，VIPKID 就像自己的孩子一样。创新工场的很多员工，包括工场合伙人张丽君、首席财务官李璞玉，都是 VIPKID 的早期家长用户。他们常常给我分享孩子在 VIPKID 上课的视频。和这些"晒娃狂魔"一起工作，我很少错过关于 VIPKID 的消息，VIPKID 又上线了什么新功能，不用米雯娟（Cindy）跟我讲，我第一时间就会在朋友圈里看到。

在过去的 5 年，VIPKID 从创新工场里的一支小团队，成长为全球增长速度最快、学生最多、口碑最好的在线青少儿教育品牌，吸引了投资圈的"半壁江山"，无论是产品美誉度，还是营收规模增长，都远远超出我的预期。可以说，VIPKID 就是很多投资者理想中的"明星公司"。

我很荣幸成为 VIPKID 最早的投资者，看着 VIPKID 从一粒小小的种子，成长为参天大树，它的成长故事总给我们带来无限的爱与感动。

2013年，我第一次见到米雯娟，当时的她既没有资金，也没有团队，只有一个商业计划书。我记得那天米雯娟穿着一身西装来到创新工场，有人调侃她不像互联网圈的人。但当她自我介绍的时候，我才发现，这个年轻女孩真不简单，竟然已有近20年的英语教学经验了。

米雯娟的初心是通过互联网的连接能力，找到全球最好的老师，帮助中国的孩子快乐学习，不只学习语言，更是通过语言认知这个世界。

她对未来教育的美妙畅想，勾起了我的童年回忆。小时候我的老师习惯用严厉的训导而不是勉励的方式来教育学生。11岁那年，家人决定送我去美国留学。虽然母亲内心非常舍不得和我分开，但开明的她还是支持我远行，去体验崭新的教育方式。

作为一名小小留学生，我接受了美国老师截然不同的正向激励教育方式，收获了自信，更重要的是，学会了看待问题的方法——不要把自己局限在一个框框里寻求标准答案，而要以开放的心态去释放思维空间，接纳不一样的答案。这些习惯让我受益匪浅，也改变了我的人生轨迹。

于是，我鼓励米雯娟："大胆去做吧，用你个性化、国际化的教育理念，帮助更多孩子爱上学习，改变教育的未来！"从那之后，米雯娟的VIPKID在创新工场正式开张，她在这里搭建团队、招生、做产品，每天忙忙碌碌，永远活力十足。

我经常观察中国创业者与硅谷创业者之间的思维差异。硅谷的互联网公司往往采取"轻量"模式（going light），它们认为互联网的意义在于消除信息不对称，所以它们坚持把互联网作为连接信息的工具。而米雯娟是典型的愿意沉下心来做事的中国创业者，为了达到最优的教育品质，她不介意"重磅"模式（going heavy）。

米雯娟想要做的不仅仅是一个连接外教的平台，她还试图深入教育的每一个细节，每天都花大量时间和家长、老师沟通，解决孩子学习中所遇到的各种问题，为每个孩子寻找个性化的学习方式和路径。后来VIPKID成立了专业的学习成长伙伴（Learning Partner，LP）服务团队，这个团队目前已经有上千人规模，这对于崇尚用优雅的代码解决问题的硅谷创业者而言是很难想象的。

不仅硅谷创业者会困惑，即使在当年的中国，也有很多人质疑米雯娟——你为什么不用现成的教材，而要组建一支教研团队？为什么不赶紧做市场，扩大招生规模，而是耗费一年半时间去打磨产品？

但我始终支持米雯娟的想法，鼓励她坚持下去，她对教育的执着我们都看在眼里。创新工场很多员工的孩子都是VIPKID"实验班"的学生，在搬出创新工场之前，VIPKID是创新工场人气最高的角落，大家热衷于交流孩子的进步，教育的灵感火花不断迸发闪现。每个从旁经过的人，都会被那种成长中的梦想践行者迸发出的活力和青春，深深感染。

VIPKID 快速成长的那两年，也是我与病魔抗争的两年。在那段时间里，我不断反思自己，我花费了生命中的多少时间去追求表面的光鲜和成就，却忽略了真正重要的事情？现在，当我去做一件事情的时候，我比以前更在意，这是不是我真正热爱的东西？如果我和更多人去做这件事，世界会不会因此变得好一点？

前不久，当我和米雯娟见面的时候，她拿出手机让我看一段视频，她说："开复老师，你一定要看看我们最新的乡村公益访校记录。"自从 2017 年 VIPKID 做了北美外教进课堂的乡村公益项目，米雯娟逢人便分享乡村孩子们的故事。而她又是一个非常感性的人，即使已经看了几十遍上百遍，播放完视频，她眼中还是闪烁着欣喜的泪花。

在乡村公益项目里，VIPKID 打破空间与地域的限制，让北美外教跨越山川大海，走进中国广大乡村的 1 000 所学校，为 30 000 多个乡村孩子提供每周固定的外教课，这不仅让小朋友有机会在外教指导下燃起对英语学习的兴趣，更为这些孩子插上一双梦想的翅膀。米雯娟喜欢说："教育是一扇窗，让每个人都能看到远方。"VIPKID 就是这样帮更多孩子打开了认知世界的窗户。

在线课堂像魔法一样，带给我无穷的惊喜和感动。当我看到来自山区、身穿少数民族服装的孩子对镜头大喊"We like English class!"（我们喜欢英语课！）时，我的眼眶也湿润了。我非常庆幸自己在 2009 年成立创新工场，帮助像米雯娟这样的中国年轻一代创业者，孵化诞生了像 VIPKID 这样的创新项目，看到孩子们洋溢着自信的笑脸，这就是我做这一切的意义，我为所有这些感到骄傲。

经常有人问我："开复老师，未来人工智能会取代老师吗？"我说，人工智能可以替代人类完成那些重复性的工作，但它学不会人类的爱。爱，才是人类的特质，也是教育最重要的东西。有爱心的工作，永远不会被人工智能取代。

希望大家在这本书中，看到的不只是 VIPKID 在商业上取得的成功，也看到那些普通的老师，他们怀着对家人的爱，对教育的爱，对世界的爱，不约而同地加入 VIPKID。而在这里，他们又在课堂中与中国孩子结下了深厚的情谊。技术不会改变教育的本质，但通过技术，我们可以把更多的爱聚集在一起，消除误解和偏见，帮助更多需要帮助的人，让世界因此变得更加美好。

序二　VIPKID 活力的六大元素

■ 刘骏

TESOL[①] 前主席

纽约石溪大学语言学教授

我在中国和美国从事英语教育已近 40 年，曾是世界上最大的英语教学协会 TESOL 国际公司的首任母语非英语的主席，其间我一直在寻找一些能够"跳出框框"的想法。当我第一次听说 VIPKID，知道这家公司在挑战传统课堂教学方面取得的革命性进展之时，我就很想进一步了解更多关于该公司的情况。幸运的是，2017 年末，在北京大学一个清冷的冬日早晨，我见到了它的创始人兼首席执行官米雯娟。

我记得当我到达约定的早餐地点时，一位头戴棒球帽、身穿休

[①] TESOL 全称为 "Teaching English to Speakers of Other Languages"，中文名称为"特硕®"，中文含义为"对外英语教学"，即以英语作为第二语言的学生进行英语教学。TESOL 证书，英文名称是 CertTESOL®，全称是 Certificate in Teaching English to Speakers of Other Language，中文含义：对外英语教学证书，通常称为 TESOL 国际英语教师资格证书。拥有 TESOL 证书，成为英语语言教学领域的专家，即拥有在世界各国从事以英语作为第二语言（ESL）的教学资格。——编者注

闲装的年轻女士出现在我面前,她浑身上下洋溢着青春活力,热情大方地和我握手致意,并自我介绍道:"刘教授,我是米雯娟。很高兴终于见到您了!"然后,她用了十分钟左右的时间,向我大致介绍了 VIPKID 的情况及今后的安排计划。我听着她的讲述,不时问几个问题。但我提的这些问题让她讲起来更带劲了。我看得出来,我的问题激发了她的思考,她满怀激情,带着灵感和决心谈论自己的愿景和梦想,兴致勃勃、滔滔不绝,甚至连一口饭都没来得及吃。于是我礼貌地提醒她吃饭,不过她脸上露出的笑容表明我刚才的提问已经给她提供了足够的精神食粮。在我们分别时,她对我说:"刘教授,我希望 VIPKID 在不久的将来成为全球 K12[①] 在线教育的领导者。对此,您是不是认为我的野心太大了一点?"

我默默地笑了,冲她点点头。我以前的确从未听说谁敢有如此豪言壮语。但是她不但能心怀大志而且正在一步一个脚印地将其付诸实践。

在这次见面之后,我对这个想法进行了一年多的深入思考。我开始尽可能查阅、了解关于 VIPKID 的一切信息,因为我觉得自己应该给她提供一份答案。当年她高中就离开学校,然后自学英语,修完大学课程,接着就开始教孩子们学习英语,最终成功地创办自己的公司。这一路走来,并不容易。当她寻找到志同道合的伙伴与她一起创办新企业时,当她聚集来自世界各地的人才时,当她通过

[①] K12 即学前教育至高中教育的缩写,其中 K 代表幼儿园,12 代表高三,一般用来指代基础教育。——译者注

在线平台和创新课程成功吸引了北美的 70 000 多名教师和来自全球的 60 多万名学生时，其中的意义非比寻常：这可比单纯的统计数字更深刻，比基本的教学活动更有意义，因为它已经动摇了传统的课堂教学实践，让一些在过去不可能实现的事情成了今天活生生的现实。

VIPKID 开始以异乎寻常的速度做出一系列正确的决策：它与 TESOL 合作为教师提供资源，形成在线教师社区，设计自己的专业课程；与霍顿·米夫林·哈考特（Houghton Mifflin Harcourt）、牛津大学等出版社合作，以满足学生及其家长受市场驱动的学习需求；开发自己的测评体系，重点打造个性化的学习体验。VIPKID 正在创建没有边界的教室，而这是那些关在封闭的大学或学校里的研究人员和职业人士永远都做不到的事情。

在我看来，VIPKID 的六个字母分别代表愿景（Vision）、想象（Imagination）、勤奋（Perspiration）、激励（Kick）、创新（Innovation）和决心（Determination）。

愿景

我们每个人都会做梦，但一个缺乏愿景的梦境则显得虚无缥缈。因此，与其回顾自己去过哪些地方，不如展望自己可能到达的驿站。40 年前，受家庭的影响，我决定主修英语。我的父亲曾是一所学校的英语老师，所以我从小就可以在家学习英语。我在童年时期就翻阅父亲在他上大学时积存下来的一些英语书，并从中受益良多。当时，尽管我还不太了解威廉·莎士比亚、约翰·弥尔顿和查尔斯·狄更斯，但我还是深深地喜欢上了阅读的感觉。随着不断的阅读，我开始熟悉拜伦、雪莱、纳撒尼尔·霍桑和杰克·伦敦等文学巨匠的大名。一天，我无意中说出了几个自己在阅读中知晓的文学巨匠的名字，尽管那时我的发音很不地道，还带着很浓的中文口音，但这却让父亲大吃一惊。我注意到父亲的脸色一下子就舒展开来。他开始鼓励我和姐姐逐字阅读华盛顿·欧文所著《见闻札记》（*Sketch Book*）中的"瑞普·凡·温克尔"一章的内容。我记得当时我把这本小说的每一页都翻译成了中文，并仿照国际音标，用只有自己才能理解的注音符号对单词进行了标记。这种阅读方式对我来说的确是一个挑战，因为它与我和姐姐通过收音机或学校课程学习知识的方式完全不同。但父亲非常有耐心，他曾经告诉我们：尽管阅读这个故事对我们来说是一种挑战，但是一旦我们理解了它的内容并将其牢记于心，那我们在学校学习英语就会容易得多。

　　大学毕业以后，我也成为一名大学英语老师，当时我就梦想成为教育领域最好的英语老师之一。我自己学英语曾经学得非常辛苦，但我相信学习英语会有更好的方式。几年之后，我开始向美国大学生教授语言学（1998年），获得TESOL颁发的年度优秀教师奖（1999年），并担任亚利桑那大学英语系主任（2007—2011年）。当我被选为TESOL国际公司的主席时（2006—2008年），我要成为教育界领导者的梦想终于实现了。

因此，我认为，所谓的信念就是一个人敢于走出自己视野之外的勇气。任何人视力所及的区域，都比他够得着的地方更远，但这并不意味着他因此就应该止步不前。米雯娟基于自己的信念而产生了创建 VIPKID 这样一个愿景，而我从自己的亲身经历中知道，这样的愿景能够实现。

想象

现在让我们想象一下自己生活的世界，并预测其中每天发生的变化。我们如果只关注将要发生的事情，就永远不会成功。

当我在 20 世纪 90 年代初去美国时，我的许多朋友和亲戚都劝我把专业（英语教育）改为商业或法律，以便我毕业后能轻松地找到工作。我认真地考虑了他们的建议，并花了一些时间来想象自己的未来。但我最终的决定与他们的愿望截然相反。我选择走的是一条非常规的职业路径。因为我相信，如果我能继续从事语言教育行业，那它将来会给我带来更大的成就感。学习的过程、积累的经验及获得的教训，都会在你追求人生的激情之旅中丰富你的想象力。我热爱教育，我的博士学位就是教育专业。在攻读博士学位期间，我还辅修了戏剧，并且毕业之后，常常用戏剧来丰富自己的教学工作，效果非常好。我之前专门教母语非英语的人学习英语，但后来我扩大了我的专业范围——利用自己的知识技能来教母语非中文的人们学习中文。当我作为一名大学高级管理人员开始对留学生进行督导时，我发现自己在语言教育方面的专业知识特别有用，因为我对这些留学生来自哪里、他们有什么样的需求，以及我们如何采取措施才能使他们变得更加成功，有着深刻的认识和理解。

学习英语是一种手段，而不是目的，高水平的交际能力是通向成功的大门。我们必须对未来重新构思，重新设想未来几十年英语在各个领域中所要发挥的作用。如果我们能够借助非常规的方法发挥传统智慧，那么我们的学生将会更好地掌握英语，从而成为全球公民。VIPKID 就创造出这样一种机会，并正以超快的速度和效率在这个数字化时代前行。而这正是我们都希望实现的一个世界。

勤奋

成功总是伴随着汗水和努力。回顾我自己从语言学习者到语言教育领导者的职业发展道路，我一直是带着一种愿景而全心全意地投入到自己的工作当中。我生命中的一个插曲是我在 TESOL 担任了 3 年的主席。作为 TESOL 主席，我的工作职责的重心是尽一切可能将北美中心协会（the North America Centric Association）变成一个真正的国际协会。从迪拜到墨西哥，从土耳其到希腊，从菲律宾到柬埔寨，从韩国到巴西，从法国到泰国……我纵横穿梭、四处奔波，不遗余力地推广、扩大 TESOL 在全球的影响力。我喜欢与世界各地未来的"TESOL 成员们"会面，我喜欢在附属机构举办的会议上发言，将 TESOL 的影响力带入国际社会。最终，我们将 TESOL 公司扩展成了 TESOL 国际公司；我们增加了 TESOL 的全球成员数量，并在全球范围内对 TESOL 专业人员进行赋权。一旦设定了长远目标，通过辛勤的努力进行战略规划，则成功势在必行。

我从雯娟那里得知，VIPKID 拥有一支极其努力的团队。你将要阅读的这本书中记录了他们的创造性思维、高效合作、奋斗的证据、教师的热情、家长的满意及代表公司文化及其团队精神的个人热情。

激励

出于我的职业好奇心和责任感，我有机会更多地了解 VIPKID 的公司文化及其领导团队成员。后来我告诉雯娟："VIPKID 真的很有一套！"我其实想说的是：VIPKID 很有独到之处。它的雄心和抱负，它的范围和规模，它的速度和需求，以及它的对用户需求的敏锐捕捉和快速调整的能力，全都令人难以置信！也许我在美国高等教育学校工作得太久了，在学术界做出决定需要几个月的时间，但在 VIPKID 可以在一周甚至一天之内就完成。他们没有耗费时间用来等待，也没有对出现的变化心生畏惧。

而这也是正在中国发生的情况。回想 2005 年初我在中国的经历：当时我应邀帮助汕头大学设计并建立一个英语中心，该中心得到了李嘉诚的支持。但我很快了解到，中国所有的大学生都必须参加大学英语四级考试。然而经过深思熟虑之后，我决定取消针对英语四级而设置的课程，而是把培养学生交际能力作为英语中心教学的首要任务。当时学生们非常不理解，在我的办公室外排着长长的队伍，等着找机会说服我改变主意，但我没有。我觉得一旦学生发展出高水平的语言交际能力，他们就能轻松地通过任何类型的考试。两年之后，这些学生不做任何准备就去参加了大学英语四级考试，而他们的通过率居然高达97%。最后，那些以前抱怨过我的学生带着鲜花来到我的办公室，笑得合不拢嘴。一些学生告诉我："你的语言教育方法确实很独特。"

多年以来，处于中小学阶段的中国学生一直忙于应付各种考试。来自社会的压力加上父母的期望让他们的学习失去了乐趣。但VIPKID无论是课程开发还是课程设计，都颠覆了传统的教学方向，从而标志着它已经回归于一种有趣的学习方式。这就是我先前说VIPKID很有一套的原因。

创新

在线平台、歌曲和游戏设计、交互式教学和自控进度的学习只是VIPKID教学方案中的几个例子而已——但这些就是创新之举啊！挑战传统的学习方式，激发孩子的想象力，让学习变得有趣，弥补学校课程体系中的缺失内容——所有这些其实都是在做一种准备工作，通过跨文化交流、创造性思维和全人教育（whole person learning）为未来培养全球公民。

  我目前在纽约州立石溪大学担任副校长兼全球事务副教务长，此外，我还负责从中国招生。每年都有成千上万的高中生申请就读美国大学，多数学生会选择参加托福或雅思考试来达到入学要求。在中国，许多聪明伶俐的学生正在想方设法备战高考，尽管他们可能在使用英语沟通方面有所欠缺，但他们在许多其他学科上都有扎实的知识和技能。美国大学如何为这些学生创造教育机会？其中一个创新的解决方案是在参考他们高考成绩的基础上，加上举行英语口语面试来扩大招生渠道，从而招收这些有才华的学生。我们这样做了两年，允许这些学生在入学之后来我们的全球暑期学校提高他们的英语水平，这套方案的实际运行效果甚佳。一旦那些通过大学入学考试的学生被录取，他们在学科课程上表现得更好，因此我们认为，这种创新措施可以帮助那些平时不能轻易进入美国大学的学子们实现自己的梦想。

  同样令人欣慰的是，VIPKID 的教育方法也帮助了农村地区的许多儿童。那里的师资匮乏，更不要说和北美教师一起学习英语了。如果不是技术的创新，这些儿童怎么会有这样的机会，通过 VIPKID 和外教直接互动呢？

决心

  此外，进行教育创新也需要我们下定决心。从米雯娟身上，我看到她的决心及整个 VIPKID 的决心。当你看到这本书里的年度大事和统计数字，你也会感受到这一点。在这个快节奏的世界里，我们一直面临着各种挑战，这就需要我们下定决心，从而能以积极自信的态度来应对任何新挑战。一旦你有了愿景，就需要拟定一个战略计划。一旦计划确定下来，你需要的就是下定决心，仔细实施、执行、解决问题，更重要的是，不忘初心、锐意进取。

我在职业生涯中也面临过许多挑战。其中的一个挑战在于我身为一名中国人，却要在美国从事英语教育。我在中国度过了人生的前 30 年，我怎样才能被美国文化接受，怎样才能成为大学和专业协会的领导者？我曾作为 TESOL 的第一位母语非英语的主席，也在一所研究型大学的英语系担任过主任，并且我以副校长和副教务长的身份成为一所大学的领导者，这一切都反映了我追求卓越的决心。在某种程度上，决心始于了解自己的弱点，然后找到克服这些弱点的方法。我们生活在一个复杂多变的世界里，这种复杂性要求我们保持决心，努力才能有所回报。我相信 VIPKID 每天都面临许多竞争和挑战。但是成为赢家的决心已经被刻在该公司的基因里，它在发展道路上注定会茁壮成长，越走越远。

2007 年我在 TESOL 担任主席期间，应邀在 TESOL 泰国支部——TESOL 的附属机构之一——举行了一次全体会议。会后，《曼谷邮报》的一名记者找到我，问我："对亚洲学生来说，学习英语最关键的挑战是什么？""缺乏英语环境。"我回答道。他立刻追问："那么，克服这个挑战最有效的方法是什么？"我说："真实的语言输入和交流互动。"说了这话之后，我立刻注意到他皱了皱眉。我真希望当时我能告诉他在不久的将来会发生的情况：让北美的老师和亚洲学生在线互动！而未来就是基于现在，明天就体现在当下！

我带着反思写下这篇文章，希望向读者传达一个明确而清晰的信息：在很大程度上，卓越的个人、团队、协会和公司就像任何一个普通人一样，只是做着对他们自己来说非常重要的事情而已。为了迈入下一个卓越阶段，VIPKID 需要实现其名称中所包含的六个要素：愿景、想象、勤奋、激励、创新和决心。在雯娟的领导下，我相信每一个要素都将有助于让孩子们成为全球公民。

尽管 VIPKID 的成功可以很容易地定义为实现了其战略目标，但暂时的成功和持久的成功之间还是有区别的。我认为，除非在公司的战略目标中加入另一个因素，否则 VIPKID 不会取得持久的成功。这个因素就是：为一个超越自我的更伟大的事业而服务。这将是 VIPKID 持久成功的意义所在。

前言

电子商务已经改变了世界。2018年，全球超过10%的采购是在线进行的，预计这一比例还会继续上升。而互联网的兴起，还让各个公司能够从世界各地雇用最好的员工。无论公司还是员工，都越来越重视远程工作的可行性。但该发展趋势在一个特定领域表现得并不明显，这就是：教育行业。一般情况下，教师只能在学校从事教学活动，而孩子们则没有太多的选择，只能接受学校分配的教师。

然而，当VIPKID出现时，这一切都在悄然改变。通过VIPKID提供的在线教学模式，北美教师能够对中国儿童的英语学习进行指导。而对中国孩子来说，他们可以在VIPKID平台上接触到大量经验丰富的英语教师。VIPKID推动的这场教育改革，足以代表21世纪的教学发展方向。

现在，每天有超过60万名来自中国以及世界其他63个国家和地区的学生，有机会与经验丰富的北美英语教师彼此配合，并在VIPKID引人入胜的网络教室里学习一门新的语言，从而让教育不再局限于学校或传统教室。

于是,整个世界变成了一个没有边界、没有限制的大课堂。

处于这一变革最前沿的是那些敬业的教师。无论清晨还是深夜,北美各地的教师都会登录自己的在线教室,去教中国以及世界其他地方的孩子学习英语。许多教室是教师直接在家中精心设计的,他们通过手绘的背景墙、拼贴海报、手工作品和字母表等学习材料为自己的学生搭建起生动活泼的教学环境。这些教室随时都可以接入互联网,这不但给教师提供了兼职工作的便利,还将教师与世界各地的学生和家长联系在一起。

在 VIPKID 课堂上,教师与学生和家长合作融洽,建立起全球联系。除了学习英语,教师和学生还可以相互了解对方的生活和文化背景。从表面上看,VIPKID 只是一家提供语言教学服务的公司,但事实上,它所做的工作远不止于此:它能提供机会,让你了解来自不同国家、不同种族的人,培养文化意识和彼此尊重的意识,并让教师和家长掌握孩子的学习进展。

教师之所以选择 VIPKID,是因为他们感到自己在这家中国公司能受到足够的赏识和重视,而传统学校并不是总能做到这一点。美国大约有 320 万名中小学教师,平均年薪约为 59 000 美元。这些教师在教学工作中经常操劳过度,但工资却很低,并且他们感觉自己在学校不受赏识。根据最新版本的美国教育协会的排名和评估,美国全国教师的平均工资为 59 660 美元。在全国范围内,教师的收入比职业能力和教育背景都与之相似的其他专业人员低 19%。更糟糕的是，1994年，公立学校教师的收入仅比在其他领域工作的大学毕业生低2%，但到了2015年，这个差距已经扩大到17%。而在美国各州继续削减教育预算的背景下，这个问题将会变得更加严重。因此，通过与VIPKID合作，美国教师能够在一种重视教育的环境中赚取一些额外的收入。在这里，他们能够专心教学，而不用像在传统教室里那样，还得同时忙碌许多其他的管理事务。

学生和家长最初选择VIPKID是为了学习语言，但他们决定留下来继续学习是因为学生在这里取得了良好的学习效果，并与老师建立了深厚的感情。孩子们在学校完成常规学习之后，发现VIPKID能给自己提供一种生动有趣的课外辅导形式，从而让他们乐在其中，并收获颇丰。通过与北美教师直接建立联系，学生能感受到这是一种新奇的教学环境，从而激励自己主动投入学习。这种新环境的重要性不可低估。VIPKID提供的课堂教学不同于孩子们在学校的常规学习经历，这让他们感到新鲜、兴奋、深受鼓舞，愿意与北美教师一起学习英语。

甚至可以说，VIPKID重新定义了什么是教、什么是学。虽然网络教学并非一种新概念，但它从未开展到如此大的规模，取得如此多客户的认可。VIPKID教学模式通过赋予师生在课堂活动中的灵活性，来激励学生参与学习，它有着明确的教学内容和教学顺序，产生了良好的学习效果。

线上一对一的个性化教学模式具有很强的兼容性。VIPKID借鉴已经取得的成功经验，将"以沉浸式教中国学生英语"这一教学模式拓展至另一个方向，即用沉浸式教全球学生学习中文。VIPKID公司将这一分支业务命名为Lingo Bus。Lingo Bus项目于2017年正式成立，目前已拥有来自全球104个国家和地区的超过20 000名注册学员，并逐渐向具有全球影响力的中文在线教育平台发展。但语言教育仅仅只是切入点，VIPKID正在重新构思：如何为所有学生提供高质量的多学科教育，把世界变成一个大课堂。

随着市场份额的逐年增加，在线学习预计将出现爆炸性的增长。据艾瑞咨询（iResearch）披露的数据，K12在线教育已经成为许多家长和学生的迫切需求。2013—2016年，中国K12网络教育产业的市场增长率约为30%，而2017年甚至达到51.8%。

这一趋势还在持续。中科院大数据挖掘与知识管理重点实验室发布的《2018年中国在线青少儿英语教育白皮书》显示，2018年中国在线青少儿英语一对一付费用户已经突破100万人次，预计2019—2022年将以每年30%的速度增长。预计在2022年，在线教育市场将反超线下，成为中国青少儿接受教育的重要力量。

VIPKID正准备推动这一网络学习浪潮，改变全球教育的面貌。其愿景是为互联网时代建立一所覆盖全球的云端学校，激励并增强未来每个孩子的能力。如今，VIPKID在世界各地都有自己的办公人员、学生和教师，它正以学习的名义把世界各地的人聚集在一起。为了真正了解VIPKID的影响力，我们将回顾该公司的创业史，看它是如何一步步取得今天如此惊人的成就的。我们还将考察其教学模式对师生的影响，并展望它的未来。

第 01 章

一次受伤的经历与一个梦想

回到 2000 年,彼时米雯娟还是一名年仅 17 岁的高中生,但她在学习上偏科,成绩在班里垫底。当时她家刚刚搬到哈尔滨。米雯娟所在的班级共有 60 名学生,而她常常感觉上课的老师无视她的存在。她虽然也曾拼命学习,希望赶上其他同学,但发觉周围没有人能伸手帮自己一把,于是最终她放弃了努力。

米雯娟回忆道:"有一天,数学老师发现我在课堂上偷偷看科幻杂志,于是她将其夺过去一把撕烂,把碎片扔到我脸上,还把我撵出教室。"

就在那一刻,米雯娟意识到这样的课堂学习并不适合自己。尽管她最终重返数学课堂,但在高二时还是离开了学校。她开始意识到学习兴趣的重要性——为了让学生能真正爱上学习,他们需要被人关心,并且觉得自己所学的内容能派上用场。但米雯娟面临着传统教学的局限性,她明白这样的教育不适合给每个学生提供单独的关注。于是她开始着手寻找一种个性化的教育模式，而这种模式会激励孩子们爱上学习。

"求知欲和自信心真的是难能可贵的。"米雯娟在解释自己的教育理念时曾如此总结。

离开学校的米雯娟，在教小朋友学英语这件事上找到了激情。起先她在舅舅办的英语培训班里帮忙批改作业，教小朋友英语。由于太喜欢教英语，米雯娟放弃了出国读书的计划，但她并没有停止继续深造的脚步，通过自学和自考，米雯娟不但掌握了英语技能，而且陆续完成了本科教育，获得了翻译证书。

后来她和舅舅来到北京，在洋桥创办了一家实体英语教育公司。米雯娟自称公司的"首席打杂官"，当老师、做行政、发传单、研发课程，甚至还要当司机给其他老师送饭。斗转星移，这家公司不断发展，到 2009 年，这家英语教育公司已经进入中国 5 座城市，开了 20 多个校区，拥有 1 000 多名员工和两万多名学生，年营收超 2 亿元。

但米雯娟相信会有更好的**方法**来满足学生的需求。在教了近 20 年的英语之后，她仍然会回想起自己的那段高中经历，但会更多地思考到底是什么导致了当初的教育窘境。米雯娟在攻读长江商学院工商管理硕士学位的时候，试图研究在线教育模式。她受到刘劲教授的鼓励，开始梦想自己创业。但是，当她开始考虑离开 ABC English 并创办自己公司的时候，她的家人都表示反对。于是米雯娟去沙漠旅行了一趟，借机整理思绪，仔细斟酌。当旅行结束的时候，她已经为自己的未来绘制了一幅更为清晰的蓝图。

随着她对教育的了解日渐深入，米雯娟意识到个性化教学的力量。为了能够真正利用学生的求知欲，教师需要了解学生的个体情况，并给予有针对性的指导。她曾设想：如果当初老师能多和她沟通交流，并根据她的学习兴趣调整教育方式，那她的学校生活会是怎样一种不同的情形呢？这样一想，她甚至开始理解和同情那位数学老师，意识到那位老师在课堂上如果要对这么多学生进行个性化教学将何其艰难！于是米雯娟开始重新设计理想的教育模式。在她的想象中，教育不应当是由一位教师带领许多学生开展学习活动，而应根据学生的实际情况精选一位教师，让他/她对学生进行一对一辅导或组织小班教学。由于可以自主选择，学生理应能找到最适合自身情况的优秀老师。

米雯娟开始进一步思考如何才能给中国学生创造更个性化的英语学习环境。作为一名经验丰富的资深教师，她掌握了大量的第一手资料，知道中国对高素质英语教师的需求有多大。越来越多的中国人选择出国留学，这就进一步拓展了英语教学的市场需求。

中国家长每年花在子女英语学习上的费用高达150亿美元，但是在整个中国，只有27 000名合格的外籍教师，这远远不能满足市场需求，而且，中国每年会迎来1 600万~1 700万个新生儿。中国家长也越来越重视以培养能力为主的高质量教育，他们愿意为此买单。

通过个人的学习和教学经历，米雯娟深知学习英语的重要意义——英语是帮助一个人建立全球公民身份，并与世界保持联系的一种方式。然而，虽然中国市场对合格英语教师的需求已经表现得相当急切，但实际情况却是合格的外教少之又少。

"怎样才能找到最好的教师？"米雯娟不停地问自己。

问题摆在眼前，但让米雯娟深受鼓舞的是，她有可能借助技术手段来实现这一目的。于是她决定利用互联网的力量及国外教师的专业知识，来满足巨大的市场需求。正是这一建立在线全球教室的愿景，催生出今天的 VIPKID。

2013 年，米雯娟鼓动在一家科技公司工作的朋友陈媛（Jessie Chen）与她联手来做这件事。当时陈媛有一个才 3 岁大的儿子，但她对开发教育产品兴奋不已。

"我只有从事科技工作的经验，不过我对开办教育充满热情。"陈媛回忆说，"我遇到了米雯娟，并听她讲述希望做在线教育的梦想。我真的很喜欢接受这种挑战，并相信我们可以联手做更多的事情来帮助孩子们学习英语。"

但在刚创业时，米雯娟和陈媛把创业的步伐放得很慢。她们清楚，要创造一个具有影响力的品牌，首先得把准备工作做扎实。经过数个月的准备，米雯娟和陈媛于 2014 年正式推出 VIPKID。

从一开始，VIPKID 就致力于进行个性化教学，并努力寻找最好的教师。她们要求 VIPKID 的教师不仅必须来自北美国家，而且至少要有两年从事儿童教育的经验，并获得四年制大学的学士学位。幸运的是，在北美地区，有许多持有资格证书的教师加入进来。"只有让那些兢兢业业且才华横溢的教师加入进来，VIPKID 的孩子才更有可能享受优质的师资，并在课堂上表现得更加积极主动。"通过严格筛选教师、创建高素质的教师队伍，VIPKID 为创造自己的辉煌奠定了基础。

"我们想向全世界提供教育服务，这无论对教师还是对孩子来说都有好处。"米雯娟说。

VIPKID 创造的另一种积极有效的个性化教育体验是：允许家长为他们的孩子选择最合适的教师。这与传统教育的做法截然不同。在一所传统学校，教师的分配并不会太多考虑到学生的个性化需求。但 VIPKID 的方式，与传统的做法表现出明显的不同，它邀请家长陪伴自己的孩子学习，这进一步增添了在线教育的个性化色彩。在 VIPKID 的教学平台上，不仅有一大批才华横溢的教师可供选择，而且家长可以给教师打分，为自己的孩子选出合适的教师。

VIPKID 并不满足于提供个性化教学，更希望改变全球教育的面貌，为世界各地的学生提供高水平的教师和高质量的课程。在孩子们获得语言的能力后，他们才能真正探索这个世界。VIPKID 希望激励每个孩子努力学习，保持他们天生的好奇心，早日成为全球公民。

"全球教育对孩子的未来至关重要。"米雯娟总结道。

为了实现这个目标，学生不仅需要学习语言，还要主动认知这个世界，融入这个世界。所以，为了实现这一使命，VIPKID 不仅考虑要增加教育的个性化特征，而且还希望为学生创造真正的学习机会，让他们在不同的学科领域学到实用技能。

教师最初之所以对VIPKID情有独钟，是因为他们觉得自己在这里可以专注于教学，从而摆脱那些经常让他们在课堂上感到压力的管理事务。在职教师可以在自己学校的日常教学活动开始之前，通过在VIPKID平台上课赚取一些额外的收入。但他们决定留在VIPKID继续教学，就不仅仅是出于对金钱的考虑了。他们一次又一次地回到VIPKID平台上课，是因为他们觉得自己已经属于VIPKID这个大家庭中的一部分。

随着影响力的提升，学生和教师的数量都在不断增加。慢慢地，为了实现自己改善全球教育的梦想，VIPKID开始扩大规模。而这个时候，米雯娟还想到了中国一些偏远地区，想要为满足那些通常没有能力加入VIPKID平台的学生的上课需求做出努力。为此，VIPKID启动了乡村公益项目，将VIPKID的教师带到中国乡村的教室里面，从而使那些通常得不到良好教育机会的学生也可以跟随外教学习英语。

在落实这一项目的整个过程中，VIPKID始终专注于开发最好的技术。它投资移动技术，开发自己的视频教学平台，并配置良好的移动设备、平板电脑和台式机，让师生可以借助该网络平台上课。从这一点来说，VIPKID凭借其强大的产品和服务，已经做好了改变网络教育面貌的准备。

第 02 章

从 0 到 1 的快速成长

　　VIPKID 一直是一家雄心勃勃的公司,它也经历了快速增长阶段。截至 2019 年 6 月,该公司已经拥有 70 000 多名北美教师和 60 多万名学生,每日课程数量超过 18 万节。但这一切,都是从仅有四名学生和一位教师的小公司开始的。

　　2013 年,米雯娟获得来自创新工场的 300 万美元的天使投资,从那时起她和陈媛就搬进了这家孵化机构,积极筹划 VIPKID 的第一节课。2014 年,米雯娟和陈媛开始准备测试她们开发的课程。为了证明 VIPKID 教学模式的有效性,公司开始开办实验班。她们邀请朋友和投资者的孩子参加 VIPKID 的第一期实验班。但首先,她们得找到一位教师。

从想法到现实:第一堂课

　　2014 年 2 月,马德里·罗斯拉(Madli Rothla)作为 VIPKID 的

第一位教师出现在课堂上。罗斯拉从未有过在网上授课的经验。但在 VIPKID 团队的帮助下,罗斯拉很快适应了这份新工作,并感受到在线教学的乐趣。罗斯拉热爱音乐创作,她渴望将音乐带入自己的课堂。

"当时米雯娟和我就站在一个角落里,静静地看着她上课。"陈媛回忆说,"那天,孩子的母亲不在家。当这个孩子和她的奶奶打开电脑摄像头,屏幕上显现出她们的面容时,我们感到既兴奋又紧张。"

罗斯拉开始给孩子上课,米雯娟和其他员工则在办公室的另一个角落,悄悄注视着,认真观察这种沉浸式英语教学所产生的神奇魅力。隔着屏幕,孩子跟着老师说"Hello"(你好),唱了《*letter B*》(字母 B)及其他一些游戏歌曲。虽然当时的教学技术并不完美,但这堂课仍然称得上很成功。

"我上第一堂课的时候,周围围了很多人。米雯娟和陈媛也在那里,我们已经做好了一切准备工作。我们每个人都很激动。"罗斯拉回忆道,"不过后来开始正式上课的时候,技术部门发挥得不是很出色。我们当时真的不知道在线教育有没有发展前途,心里在想,'这真的有用吗?互联网真的神奇得可以让我们这样做吗?'"

一开始画面卡得很严重,不过幸运的是,她们很快就发现问题所在——罗斯拉上课时的背景太花哨了。显然,摄像头已经尽了全力去处理这个问题。不过,尽管遇到了一些技术障碍,第一个上课的学生还是对自己在 VIPKID 课堂上的体验感到激动万分。下课以后，即使罗斯拉要关掉摄像头，学生还在那里不停地喊"老师！老师！"这让 VIPKID 的小团队大受鼓舞，对在线教育的发展前景充满信心。

早期的测试出现了很多小故障，但是团队成员齐心协力地不断改进、提高自己的产品和方法。这种小团队模式使他们能够认真仔细地分析学生和家庭对 VIPKID 教学方法的反馈意见。团队成员携手合作，一起解决技术问题并尽力让教育产品达到最佳状态，这样的过程令人振奋。等他们亲眼看到学生在 VIPKID 课堂上进行互动的情景，所有员工都感到极为兴奋，并深受鼓舞。

"我们都致力于教育，对教育充满热情，"米雯娟说，"我们有着相同的价值观，并想对世界有所贡献。"

罗斯拉认为公司的早期文化属于典型的创业文化，因为每个人都投身其中，忙着做各种各样的事情。她记得最初的员工大约有五个人，除了罗斯拉，还包括米雯娟、陈媛、一名负责营销的女士以及罗斯拉的经纪人。公司位于创新工场，北京中关村的一家知名创新孵化器。这家孵化器提供了许多 VIPKID 需要的资源，包括法律咨询、金融人才，甚至还能提供食物。

"那里的服务真的很好，有几位可爱的大妈为我们做饭，饭做好后用大锅端出来，你只要去盛一些炒菜或面条就可以吃了。"罗斯拉回忆道，"当时每个人都喜欢吃面条。我记得一周就要吃两次面条。"

罗斯拉的工作很杂但却很有趣。她创作并演唱了 VIPKID 师生至今仍在唱的《你好歌》和《再见歌》。她一边教书，一边帮着开发、完善课程。此外，她还负责解决其他教师的诉求，并帮助公司与师生进行沟通。

"我每天都会来这里，也许会回复一些教师的咨询邮件，然后就是准备上课用的 PowerPoint（幻灯片）。接下来，我不知道，我会不会再策划一场营销活动，以及做诸如此类的其他一些事情。"罗斯拉回忆道。

用户破冰：需求与投资的艰难开局

当这个小团队努力向所有领域拓展业务时，它也形成了自己的教学特色。课程团队致力于进一步完善基本课程并打造属于 VIPKID 的教学风格，与此同时，学生们也渐渐适应了在线学习。

一开始，家长们不明白为什么他们的孩子要选择在线学习而不是面对面授课。"我们花了整整一年的时间才招收到 100 名学生。"米雯娟说，"一开始只招到 4 名学生，然后发展到每个月大约有 10 名新生。"

对前两期实验班，公司只收每位学生一半的学费。到第三期实验班的时候，VIPKID 开始按正常的市场价格收费。

"用户只有付费之后才会认真体验。"米雯娟总结说。

用户习惯还未养成，米雯娟的 A 轮投资进展得也极不顺利，2014 年 7 月，米雯娟开始准备 A 轮融资时，只有 30 多个学生。在她所接触的投资人里，十有八九都不认可VIPKID的商业模式。

"当时米雯娟负责融资，她每天会背着电脑去拜访5~6个投资者，与每个投资者谈上两个钟头的时间。"陈媛回忆道。

连续几周，米雯娟都以这种速度拜访各个投资者，过程又很不顺利，这让她感到非常疲惫。一天，陈媛看见米雯娟因背痛而躺在公司的地板上。看到米雯娟为公司所付出的巨大努力，陈媛不禁心疼地流下了眼泪。

"作为公司的首席执行官，她承受的压力是我们的两倍。"陈媛说。

米雯娟的努力引起了投资者牛立雄的注意。米雯娟过去在实体英语教育公司丰富的线下教学经验，以及VIPKID足不出户在家上课的教学模式吸引了牛立雄的关注。他觉得VIPKID给非一线城市学生提供高质量的在线英语教学的想法很有意义，因为这些居住在非一线城市的学生可能没有机会和外教学习英语，即使能找到外教，价格也非常昂贵。

但他也对通过一对一的视频授课这种方式是否可行表示担心。他认为家长会犹豫是否让他们的孩子选择在线英语教学，他也不能确定VIPKID是否有足够的数据能证明其所取得的成功。毕竟当时VIPKID只有40名学生，和中国互联网公司动辄百万的用户数相比，这个数据不足以说服一个投资人。

米雯娟决定证明VIPKID的商业模式是可行的，最好的方式就是让VIPKID的办学理念经受市场的检验。

在用户习惯尚未养成、商业模式不被看好的日子里,VIPKID坚持自己的节奏,潜心打磨产品,同时引进更多的教师和学生,并从他们教与学的经历中借鉴经验,持续改进用户体验。例如,邀请家长前来当面交流,对他们的孩子进行课前评估,然后邀请孩子到实验班去参加试听体验。此外,家长们能够直接观看课堂教学,检查自己孩子的进步情况和参与状态,而孩子们则渴望早点来到教室,享受他们的学习经历。

一些早期用户家长很高兴地发现自己孩子的英语水平提高了,变得敢说爱说了,于是他们向朋友推荐这些课程。这样,VIPKID慢慢就迎来了新局面。早期,VIPKID的发展很大程度上依赖于对它所提供的产品和服务感到满意的学生和家长的口口相传,彼此推荐。

在家长和学生的人数不断增长的同时,VIPKID的教师队伍也在不断壮大。VIPKID最初的教师全都是由米雯娟亲自招聘录用的,但要让教师相信并接受在线教育也并非易事。总体而言,当时的教师不太愿意相信:他们可以在不懂中文的情况下,通过网络来辅导中国孩子学习英语。

"最初的20名教师都是我自己招聘的。我通过Skype(网络电话)和这些教师交谈。一般来说,我得花5个小时做思想工作,才能说服他们相信自己能够胜任在线教学。"米雯娟说,"我记得其中一位教师曾说,'我没想过要在网上教学。如果学生不会说英语,而我又不会说中文,我不知道该如何带领他们学习'。"

米雯娟直接打消了这位教师的顾虑，她回答道："没关系，我们会为你提供教学内容，你只需要根据内容用肢体语言和孩子们交流就行。例如，当说到小狗时，你可以学小狗汪汪叫，而不必说明小狗是一种什么样的动物。所以，你教给学生的实际上是一种认知方式，你甚至可以把你自己养的小狗给他们看看。"米雯娟就这样挨个给教师们做思想工作，逐一解除他们的疑惑。

三个月后，米雯娟再次找到牛立雄，给他提供了已完成 VIPKID 实验课的 28 名学生的数据。他们都 100% 地选择继续上 VIPKID 的在线教学课程。

这些数据让牛立雄眼前一亮，也使他坚信自己对这家公司进行投资不会有错，他立即安排米雯娟和经纬中国创始管理人张颖见面。于是价值 1 000 万美元的 A 轮投资就此完成。事实证明，这项投资完全正确，因为截至 2019 年，VIPKID 的市场价值已经超过了 35 亿美元。

从此之后，VIPKID 越来越受到投资者的认可。2014 年 10 月，VIPKID 获得 A 轮融资中的另外 500 万美元，2015 年又获得 2 000 万美元的 B 轮融资。

改革团队

A 轮融资之后，VIPKID 所提供的新兴教育产品也逐渐获得人们的认可。2014 年，VIPKID 参加在美国硅谷举办的一次创新竞赛，荣获第七名。2015年，该公司代表中国参加盛景全球创新大奖，并成功跻身前六。

2015年，VIPKID在市场竞争中已经变得越来越专业，它的教学和课程团队大约有20人，这意味着每个人的分工更细、更专业化。"每个员工都在忙着挑战全新的工作"，对罗斯拉来说，她的工作重心不再是教学和为新人外教答疑，而是转为编写VIPKID的教学课程。"这真的很有趣，我以前不知道自己会这么喜欢课程设计，它似乎只需要我盯着一张电子表格思考，讲解这堂课的内容应该选哪个词好呢，其中最合适的知识点应当是哪个，但实际做起来却很有趣。"

VIPKID的课程最初是在非常基础的水平上开发的。它侧重于教授字母、字母名称、字母发音和一些词汇。随着越来越多的员工加入进来，越来越多的学生报名参加VIPKID，该课程后来在VIPKID成为所谓的VIPKID MC主修课程（以下简称主修课程）。

后来，VIPKID把办公地点搬到位于北京中轴线上的宏恩观。走进胡同深处这座古色古香的道观，里面是时尚现代的办公空间，走上天台就可以眺望到不远处的钟楼，这给人一种时空交错的感觉。

罗斯拉回忆说："你如果想静一静，可以穿过一些小走廊，一直往前走，最后就来到这座道观前面。"

当罗斯拉专注于她的教学和课程设计时，VIPKID也在不断成长。A轮融资的成功，证明VIPKID的商业模式具有可行性。现在，

VIPKID 面临的最大挑战是增长，如果不在半年内获得规模上的突破，VIPKID 很可能拿不到下一轮融资。

在 VIPKID 创建的最初一年半时间里，公司的用户数量增长得非常缓慢。

2015 年春节过后，公司的计划是将 VIPKID 全面推向市场。然而销售团队的负责人却在此时出人意料地辞职了。

中国教育媒体多知网的一份报道指出，其中的原因是这位负责人认为，"对于一家初创公司来说，VIPKID 的发展速度显得过快。每天工作到半夜一两点，真的让人受不了"。

销售团队负责人辞职之后，米雯娟于 2015 年 3 月开始亲自领导销售团队。到 4 月，VIPKID 的当月新增用户就超过了 100 个。米雯娟至今仍记得第 100 位家长是在 23:40 付的款，当时她感到有说不出的快乐。兴奋之余，整个团队出去喝酒、吃串，以示庆祝。这场庆祝活动一直持续到凌晨四五点才结束。

VIPKID 走上规模化增长之路，离不开一个关键人物——张月佳（Victor Zhang），他于 2015 年 5 月加入公司成为联合创始人，负责公司的整体市场运作、销售和服务。在加入 VIPKID 之前，张月佳是百程旅行网的联合创始人。

米雯娟花了半年时间劝说张月佳加入 VIPKID 团队。起初，张月佳并不能下定决心，但米雯娟每两周就打一次电话给张月佳。最终，她的努力得到了回报，张月佳终于决定加入 VIPKID 成为公司的联合创始人。

张月佳加入 VIPKID 后，立即着手扩大公司规模。他首先着眼于如何吸引用户。在让 VIPKID 占据市场之后，他又开始着力提高转换率，很快找到了突破口。但这时，他也发现，虽然销售额增加了，但服务却跟不上。于是，他又完善 VIPKID 的服务体系。由此可见，遵循"市场—销售—服务"的发展周期，是 VIPKID 取得成功的关键。张月佳指出，在这个过程中，许多传统的营销实践并不适用于 VIPKID 的客户，这是因为 VIPKID 的客户非常特殊。他们不仅要有孩子，而且他们的孩子需要达到一定的年龄才行。于是张月佳着手寻找接触这一目标客户群的最佳方式。

但张月佳没有花钱去大规模地做广告，因为再好的广告也不如真实的用户口碑。幸运的是在早期敢于尝鲜的用户中，不乏一些深受妈妈们支持的关键意见领袖（KOL），而且还有一些家长关注较多的微信公众号。在做这方面研究时，张月佳意识到一些关键意见领袖本身就是 VIPKID 的用户。这些用户多属于中产阶级家庭，收入水平相对较高，经常使用互联网，所以他们也领导着舆论潮流。

曾经有一位拥有 20 万粉丝的妈妈在微博上发布了她的孩子与 VIPKID 外教一起学习的教学视频，这立即引起许多家长粉丝的关注，纷纷咨询这是什么课程。这位用户在与 VIPKID 沟通后，在自己的微博上公布了 VIPKID 的网站和客服电话。

"这下办公室简直忙疯了。电话铃一直响个不停，"陈媛回忆道，"一周内就有 2 000 名用户注册。"

张月佳和公司的其他员工看到 VIPKID 品牌开始在妈妈群体中获得认可，不禁激动万分。这些用户不断地在社交媒体上为 VIPKID 代言、推荐，分享自己的使用感受，成为 VIPKID 品牌口碑的放大者和连接新用户的渠道。张月佳设计了一套转介绍系统，鼓励用户推荐新人，并在新人注册时给予推荐者奖励。2015 年，超过 70% 的新用户来自老用户的推荐。所以，迄今为止，VIPKID 用户的获客成本在在线教育行业中是最低的，高品质的教学服务带来的口碑，是同类公司无法相比的。

为了进一步扩大规模，公司计划到 2015 年底招收 2 000~3 000 名学生。张月佳给销售团队设定了 30% 的增长目标，而教育行业通常每月只能达到 10%~20% 的增长目标。张月佳做好了准备，将和团队一起迎接这个巨大的挑战。

然而，张月佳定下的雄伟目标让手下的销售员工们有些犯怵。由于不是每位员工都全心全意地参与其中，这个目标最初未能实现。张月佳决心找出原因。他查看了转换率、销售培训和其他可能存在的影响因素，最后得出结论：原因是心理方面的。

"销售团队的成员心理上非常抵触高目标。他们习惯于设定一个他们认为可以实现的目标，但是人的潜力完全可以打破这样的限制。"张月佳说。他发现增长的潜力比最初想象的要高得多。因此，一定要让大家放下包袱，解除心理上的障碍。他开始扮演心理医生的角色，去找销售团队的每一个人谈心。

一个月后，预期的销售数字还是没有达到，但是学生人数已经增加了 20%~30%。这足以让大家对张月佳的营销方法产生信心。

到了 8 月,这些销售伙伴找到张月佳,和他讨论下个月的销售指标。张月佳建议将目前的销售目标再提高 30%。

销售伙伴并没有对此做出回应,张月佳问他们这个数字是否太高了。

"你太小看我们了。"一个销售代表回答道。然后,他提出了一个比张月佳最初定下的目标高出 100 倍的数字。最后,他们也实现了这个销售目标。

在努力拓展规模的同时,张月佳在 2015 年 5 月推出一项新政策:首月无条件全额退款,即用户如果不满意,可以无条件退还前 12 节课的费用。

"我和张月佳计算了很长时间,"米雯娟说,"最后,我们一致认为,这样做虽然有风险,但仍然值得一试。很多同行觉得我们疯了。"

这项政策被证明是明智之举。它让家长更信任公司。VIPKID 发现,15 个月的产品打磨没有白费,更多的家长选择信任 VIPKID,给公司改进产品的机会,并没有滥用他们退款的权利。

这项政策有助于让更多的人去尝试 VIPKID 提供的服务,因此算得上公司的成功之作。截至 2015 年底,公司已拥有付费用户 6 000 人,而退款人数则控制在 2% 左右。

在这个艰苦的阶段,三位联合创始人一直通力合作。为了做到这一点,他们将公司的一些职责进行了分工,但在其他业务上则共同负责。其中，陈媛负责师资管理，包括确保教师规模增长，并让教师在社区氛围中获得成就感和幸福感。张月佳负责 VIPKID 的运营活动，包括公司的市场、销售和服务，并协助陈媛做教师市场。米雯娟则负责拓展新业务，包括产品、教研和战略。在职责明确之后，联合创始人更能发挥他们各自的优势和经验。

在业务继续增长的同时，VIPKID 在 2016 年迎来了融资的丰收之年。2016 年 4 月，它在 C 轮融资中筹集 1 亿美元。这是当时全球少儿英语教育最大的一笔融资。

2016 年也是美国篮球明星科比·布莱恩特宣布成立投资公司 Bryant Stibel 的一年。Bryant Stibel 与美国教育风险投资公司 Learn Capital 共同对 VIPKID 进行战略性投资。VIPKID 是 Bryant Stibel 投资的第二家中国公司（第一家是阿里巴巴）。根据《洛杉矶时报》的报道，科比·布莱恩特自己曾说，他当时只考虑了 5 分钟就决定投资 VIPKID。

2016 年，纽约时代广场出现了一张 VIPKID 的大幅宣传海报，这被认为该公司在向全世界宣布自己的存在价值。同年，VIPKID 斩获越来越多的奖项。12 月，米雯娟作为一名企业家，以最高票数，在"赢在中国"大赛中胜出，并获得"2016 年度企业家"的称号。也就是说，在 VIPKID 成立仅仅两年之后，米雯娟就因她的努力打拼所取得的惊人成就而获得了社会的认可。

2017 年，VIPKID 与马云公益基金会合作，成为首家入驻马云公益基金会教育公益平台的专业英语教育机构。2017 年 8 月，

VIPKID 完成 D 轮融资，融资 2 亿美元。这又成为当时全球 K12 投资领域筹集到的最大金额。在某种程度上，这笔资金帮助公司启动了 Lingo Bus 项目。

2018 年，VIPKID 在 D+ 轮融资中筹集到 5 亿美元，这项投资使其成为中国唯一一家市值超过 200 亿元（约 35 亿美元）的教育独角兽公司。于是在短短的 5 年时间内，VIPKID 把青少儿在线学习这件事从一个单纯的愿景变成了一个增长速度令人瞩目的行业。

2018 年 2 月，《快公司》[①]（Fast Company）将 VIPKID 评为全球第 29 大创新公司，中国第二大创新公司，仅次于腾讯。同年，VIPKID 还荣登《福布斯》中国创新企业榜单。

同时，教师们对在 VIPKID 平台上课的满意度在持续提升。VIPKID 在"灵活工作"（FlexJobs[②]）网站评出的 2018 年 100 家开展远程办公的公司中名列榜首，其排名甚至超过亚马逊。

至 2019 年 6 月，VIPKID 教师社区成员超过 70 000 名。许多人将 VIPKID 的成功归因于其可扩展性：一方面，有许多中国学生想和专业优质的北美外教学英语，另一方面，又有许多北美教师想

[①] 《快公司》是美国最负盛名和最具影响力的商业杂志之一，与《财富》《商业周刊》《华尔街日报》等媒体成为美国乃至世界商业（经济）领域的主流媒体。《快公司》杂志每年会在全球范围内寻找具有创造性商业理念、增长速度快、具备一定社会公益性的企业（或个人），通过资深的专业记者的投票评选出 50 名年度企业或个人，称为 "Fast 50"。——译者注

[②] FlexJobs 网站由英语单词 "flexible jobs"（灵活就业）缩写而成，是一个致力于远程办公和专业兼职的信息网站，其宗旨是帮助用户找到目前最佳的灵活就业信息，让用户的求职体验更好，更卓有成效。——译者注

在 VIPKID 提供的平台教学。由于存在这种需求的同步性，VIPKID 的成功也就应运而生。

步入快车道

说起 VIPKID 的变化，首先是它的规模。成立 6 年来，VIPKID 的学生、员工和教师规模发展迅速，人数猛增。

在成立 6 年后，VIPKID 已经拥有 70 000 多名教师。员工也以各自经历见证了公司的成长变化。虽然有些部门仍留在罗斯拉深情描述的旧道观里，但她所在的部门已经于 2018 年搬走。目前，VIPKID 在北京有四处职场办公室，在上海、成都、大连和深圳也设有办公室。此外，如果把视角切换到全球，它在全球设立了 9 个办公室，在美国的旧金山和达拉斯也有办事处。

2019 年 6 月，VIPKID 的教研团队已经发展到 400 多人。罗斯拉现在属于教学规划团队，这是所有课程项目的起点。"我们想要瞄准的就是这些学生，根据学生的特点设置课程项目。"罗斯拉回忆说，"然后，我们再对这些想法付诸实践之后可能出现的情况进行详细讨论。"

对于罗斯拉来说，最大的变化是公司的运作方式变得更加程序化。虽然员工在公司创业阶段干不同的工作，但近年来，员工个人之间的分工更细，职责变得更加专业。现在关于哪个工作岗位属于哪个团队，已经有了清晰的界定。

"我认为这是好事，每个人都明确了解自己的工作职责。"罗斯拉对此评价说。作为一名老员工，当大家变得忙忙碌碌的时候，罗斯拉也感觉到公司的步伐发生了变化。虽然改进后的工作流程让她感到轻松，但她有时也会怀念那些每人每天都得临危受命像在打仗一样的日子。

回顾过去几年来 VIPKID 所发生的巨大变化，VIPKID 的社区内容制作经理凯文·盖尼（Kevin Gainey）说："以现在的眼光来看，当初我们努力去做的事情其实都很琐碎。"盖尼记得公司早期的一大痛点是教师在给学生做出一份课上表现评估时，需要先填写一份文档，然后再把这份文档发送给公司，以便于公司后续跟进学生的情况。VIPKID 还为此召开会议告知大家，教师如果不提交反馈意见，公司将难以搜集那些重要的评估数据。

但最终，公司通过技术改进了这个问题，使这个难题从此成为历史。现在，教师只要在课后通过一个"提交"按钮，就可以立即把对学生的上课评价发送给公司，并且反馈信息的提交成功率达到 99.9%，同时系统会帮助家长把教师的评价内容翻译成中文，以便中国家长读懂教师的反馈。技术的改进及专业团队的扩大，使公司的运作更加高效。

"我觉得自己的工作任务已经发生了改变。过去我需要做的是非常非常切实的事情。"盖尼说，"例如，过去我们需要告诉教师，在现有条件下如何以某种特定的方式来传授某个知识点，以帮助学生更好地理解它。现在的大目标则是如何让我们的教师快乐教学，这是一个更大的目标，但我们认为它更为重要。因为其他所有的东西——那些会让教学过程变得更复杂或更令人厌烦的东西，都已经随着产品的改进消失了。"

总体而言，盖尼对 VIPKID 的发展变化并不感到惊讶，"鉴于 VIPKID 的品质，它能大获成功是一种必然现象。"盖尼对公司推出的教育产品质量非常自信。

职业路径：对个性化发展的追求

在公司的所有变革中，始终贯彻着一个原则，那就是对个性化的执着追求。虽然这在教学方法中表现得最为突出，但公司内部也关注每个员工的个性化发展。VIPKID 员工似乎也享受着一条个性化的职业发展道路。

斯蒂芬妮·李（Stephenie Lee）目前是公司的产品领导者，自 2017 年以来就一直在 VIPKID 工作。她最初担任的是教学解决方案的高级经理，并致力于创建 VIPKID 的课程和数字产品，包括数字资源库。后来，她成为教育产品战略的高级经理，致力于将学生取得的进步进行可视化呈现，并确保课程团队设计教材的意图能贯穿学生的学习体验。

在 VIPKID 的工作中，斯蒂芬妮一直面临着这样一个挑战：如何基于她对公司及客户的了解，创造出尽可能好的教育产品。斯蒂芬妮将 VIPKID 所取得的大部分成就归功于教育产品的可扩展性，每个人都能找到适合自己的项目，发挥所长。

目前，斯蒂芬妮正在通过公开课体系帮助 VIPKID 丰富教育内容。当斯蒂芬妮在 2017 年加入 VIPKID 时，公司正在进行一些产品多样化方面的尝试。他们首先开发了一个数字图书馆，这是一个完全数字化的工具，学生可以在上面一起阅读海量正版的英文绘本读物。然后，他们扩充了数字图书馆，把公开课等内容增加进去，从而让成千上万的学生可以同时观看同一位教师的讲课现场。目前，VIPKID 每月提供数以千计的公开课内容，以此满足不同语言水平学生的需要。

凯文·盖尼也在 VIPKID 经历了类似的个性化职业旅程。盖尼是该公司的早期员工，于 2015 年加入公司，担任的是教学质量和运营专家的角色。当时的公司文化正如盖尼所描述的那样，"每位员工什么都得做"。因为当时只有 150~200 名教师在 VIPKID 平台上课，所以每位员工都承担了一定数量的教师的服务工作，解决他们遇到的一切问题，从签订合同到解决技术问题等统统包括在内。

但随着公司的发展壮大，每位员工的分工变得更加细致。盖尼成为公司沟通团队的第一批成员。当时，VIPKID 设有一个邮箱，专门接收教师发送过来的问题，然后有一些人每天负责回答这些问题。而处理邮件的这段经历，让盖尼能更好地了解如何服务 VIPKID 教师。

在这个角色上工作大约一年之后，盖尼转入一个新的团队，这个团队的目的是提供相关资源来提高教师的教学体验。这让盖尼以前的经验优势得以极好地发挥，盖尼的团队致力于为教师制作视频，希望通过这些视频，告诉教师如何讲解 VIPKID 课程的某些概念或课程内容。

在制作视频时，盖尼试图融入不同类型的教学风格，剪辑优秀教师的教学实例，供其他教师学习参考。视频资源的实操部分，则记录了"全身反应教学法"[①]。盖尼用视频的方式告诉教师，他们在 VIPKID 课堂上所用的全部肢体动作。

通过在这个团队中的经历，盖尼学会了如何制作高质量的视频。这段经历让盖尼在 VIPKID 走上了一条全新的职业发展道路。随着公司的发展，VIPKID 需要为孩子们制作更多的视频和资源。数字图书馆中，有盖尼录制的给学生朗读的英语睡前故事。直到今天，许多孩子每天晚上都会听盖尼朗读的这些故事。盖尼还为资源库录制歌曲，并制作实景化英语教学节目——《外教带你看世界》系列视频。在《外教带你看世界》节目中，盖尼要环游世界，参观有趣的地标建筑，并记录他与当地居民的互动，讲解风土人情。目前盖尼的摄制组已经先后去了关岛、旧金山、萨克拉门托、圣迭哥

[①] 全身反应教学法，英文全称是 Total Physical Response，缩写为 TPR。教师通过自身的身体语言将教学中的单词、句型及儿歌、游戏等表达出来，使学生不通过母语翻译便能够理解教师的语言，从而完全实施了外语教学法。这种教学法是美国心理学家詹姆斯·阿歇尔创立的一种独特语言教学法。他发现，从生理上说，人类学习语言有一定顺序，即理解在先，开口说在后。对语言的理解应该和身体的动作相结合，当理解尚未达到一定程度时，决不强迫学生开口说，但当理解达到一定程度时，学生会出现爆发式的飞跃。——译者注

等地取景，视频累计播放量超过两千万次，盖尼也因此收获了大批粉丝。

如今，盖尼的工作分为对教师提供支持及为学生创造资源两部分内容。这正好符合他的需求、优势和爱好，因此他很感谢公司为他提供了一条个性化的职业发展道路。他说："我喜欢在工作中与人互动，并创造有意义的内容。"在工作期间，盖尼一直面临不断拓展和提升自己的挑战。正如他所说的那样："我们所做的事情如果要用一个短语来加以总结，就应当是'做得更好'。这就是我们在这里工作的一切价值。"

VIPKID 通过为员工提供成长和闪光的机会，从而支持整个公司和每位员工做得更好。从斯蒂芬妮和盖尼的职业发展轨迹来看，很明显，个性化地为员工创造发展机会能够提高他们的满意度并在工作上取得成功。

文化从实践而来

作为一家公司，VIPKID 希望无论是员工还是教师，都能真正做到"爱孩子，懂教育"。为一个共同的目标而努力奋斗有助于创造一种强大的公司文化，从而让员工上下一心。

在享受个性化职业发展的同时，每一位 VIPKID 员工都有大量的机会和小学员、家长和北美外教打交道。无论是在儿童节日活动上，还是在中国办公室接待教师来访，员工都觉得自己与整个

VIPKID 社区有着密切联系，公司还会把去美国参加北美外教大会作为给优秀员工的奖励。

VIPKID 的员工享受团队氛围。在 VIPKID 的社交活动中，员工齐唱流行的 VIPKID 歌曲的场景并不罕见。罗斯拉记得在 2016 年举行年度派对的时候，VIPKID 团队去了北京老城区的一家小餐馆。这是一家具有 20 世纪 80 年代风格的主题餐厅，房间里面还摆放着课桌。派对开始时，所有员工都在唱 VIPKID 之歌，并伴以手势舞蹈，就像教师们在 VIPKID 平台开始上课时做的那样。

尽管现在的年度聚会规模要比以前大得多（大约 6 000 人），需要北京最大的场馆之一——五棵松的凯迪拉克中心才能把所有人装下，但员工们对 VIPKID 的热情依然不减。每年，课程团队总是设计自己的表演节目。2018 年年会上，罗斯拉和一位同事就创作并演唱了一组以动物为主题的系列歌曲，包括《今夜狮子沉睡》《狐狸说了什么》和《老虎的眼睛》，另外 15 名同事则穿着动物服装，边唱边跳，自娱自乐。

VIPKID 不但让孩子们的学习变得有趣，同时也让员工们的工作变得有趣。当与 VIPKID 员工交谈时，你会很明显地感觉到他们致力于通过教育的力量让这个世界变得更美好的心情。此外，同样明显的是，无论是员工聚会还是 VIPKID 教师在北美外教大会期间参加的舞蹈演出，都反映出快乐是使 VIPKID 成功的一个主要因素。

"爱孩子"是 VIPKID 员工的共同特点，VIPKID 的员工以各种方式自发地向孩子们提供帮助。2017 年，一个名叫米亚的

VIPKID 学生，年仅 12 岁，因为身患重病从中国南方去北京治疗。她马上就要进行手术了，但北京血库的血库存不够。当时，米亚的父母必须找到 6 名 A 型血献血者，否则孩子的手术将不得不延期进行。

然而，米亚的家人在北京没有亲戚朋友，所以他们很难找到合适的献血者。情急之下，米亚的父亲想到向米亚在 VIPKID 的学习成长伙伴求助。VIPKID 得知米亚需要输血的消息后，在短短两个小时之内，就组织了 55 名符合条件的志愿者报名献血，并且在不到两天的时间里，医院就搜集到了米亚手术所需的全部血液。从了解到米亚的病情到手术成功结束，整个过程只花了 6 天的时间。

第 03 章

如何让客户认可

VIPKID 的创立初衷是向全世界的孩子提供个性化教育。一方面它的出现正好迎合了忙碌的现代生活节奏，给重视子女教育的家庭带来学习英语的便捷方式。它也给那些需要在学习中享受乐趣的孩子送来了引人入胜的课堂教学环境，让他们在自己家中就可以接受最优秀教师的指导。

另一方面，VIPKID 的教学模式能够取得成功，很大程度上得益于它的模式的灵活性。学生可以灵活地选择教师，而不必担心初次接触的教师不了解自己的学习进度，教师也可以在一天之中指导不同层次的学生。VIPKID 摆脱了实体学校对教学的诸多限制，也不像在传统课堂那样，教学效果只有在一定的师生比例下才能达到最佳状态。

这种便捷、灵活的模式，是教师、家长和学生选择 VIPKID 的重要原因。家长很高兴地看到他们的子女能够找到北美的优秀教师,并在自己舒适的家中有规律地进行在线学习。

"中国的孩子一整周都在学习不同类型的课程,比如网球、数学或钢琴,但大部分课程都是采取现场学习的方式。"一名 VIPKID 学生的家长丽娜(Rina Xie)说,"由于交通拥挤,我得花大量时间陪女儿去培训地点。并且,我还得待在那里等她上完课才行。"

但有了 VIPKID 之后,像丽娜这样的家长可以在子女学习英语时待在自己家里,省去了通勤的麻烦,为忙碌的家庭生活节省了宝贵的时间。

教师们也很欣赏 VIPKID 所带来的灵活和便捷,在到实体教室开始教学工作或陪自己的子女度过一天之前,他们能够在家进行在线教学,为地球另一端的孩子取得的进步而感到惊喜。

VIPKID 采用全沉浸式学习模式。这意味着从第一天起,孩子们在 VIPKID 就可以体验到全英语的课堂教学。这虽然对学生看似很难,但实际上极为有效。学生不仅可以通过教师丰富的身体动作和面部表情去理解课堂内容,而且在课程设计上,VIPKID 也有深思熟虑的安排。教研老师通过一种"搭脚手架式"的课程设计方式来帮助学生更好地理解内容,比如在学生学习到"民间传说"单元时,他一开始可能不理解什么是"民间传说",这时候教师会先给他讲在中国妇孺皆知的《猴子捞月》的故事,学生就会理解这样的故事是民间传说,接下来教师就会带领他了解国外的那些有趣故事。而这个《猴子捞月》就是教研老师在课程设计中设置的"脚手架"。

经过 VIPKID 反复测试主修课程,让学生沿着这条清晰且循序渐进的课程路径前进，VIPKID可以确保学生取得稳定进展。

孩子从被动到主动

学生们喜欢VIPKID的老师给课堂带来的活力和热情。丽娜的女儿梅洛迪（Melody）在VIPKID学习了三年，经历过不同的学习阶段。在VIPKID学习的这段时间里，梅洛迪变得更加自信。目前，梅洛迪正在申请就读美国的高中，参加了入学面试。在采访中，梅洛迪的英语技能经常受到人们的称赞，而她则认为自己在这方面的成绩得益于她在VIPKID的长期学习。

丽娜回顾了VIPKID所提供的课程是如何提高梅洛迪的英语能力的。

"VIPKID的老师精力充沛，准备充分。"丽娜说，"这对我女儿产生了积极的影响。当她和面试官交谈时，她显得活力四射且积极自信。因为梅洛迪知道，当她和别人谈话时要有足够的热情，表达出自己真实且最好的一面。VIPKID让她有勇气和外国人交谈，也有兴趣学习英语。"

在VIPKID上课的时候，梅洛迪最喜欢与老师分享和互动。她对做家庭作业或正式的英语练习不是很感兴趣，但如果与北美外教交谈则会令她兴奋不已。她喜欢向别人分享自己的经历，也喜欢去了解给自己上课的VIPKID的老师的经历。

重要的不仅仅在于参与。进行这些深入的对话有助于像梅洛迪这样的学生提高表达英语的流利程度。没有什么方法比沉浸式学习对学习一门语言更有效，只有当学生积极参与其中时，学习效果才能发挥到最大化。对梅洛迪而言，她极为渴望能了解给自己上课的 VIPKID 的老师和美国文化，并且她经常用英语向妈妈重复她所学到的内容。这些交谈给她提供了更多进行真实对话练习的机会。

在 VIPKID 课程的初级和中级阶段，每堂课的教学时间为 25 分钟。丽娜最初对课堂时间的安排心怀踌躇，因为她不知道这样的时长是否能保证教师组织起有效的学习。但她对这些课程吸引了梅洛迪的注意而感到惊喜。

"在 25 分钟的课堂里，他们可以充分互动并保持活跃。"丽娜说，"对学生来说，每周进行两到三次简短的会话是学习英语的惯常方式。"

随着学生英语水平的提高，上课时间会翻倍。在 VIPKID 的高级阶段，正常情况下，一节课要上 50 分钟。在此阶段，学生们能够用英语进行更长时间的对话，并练习阅读和写作技能。

个性化的教师选择

在报名 VIPKID 之前，梅洛迪也曾在线下培训机构找过外教进行面对面的辅导。但这些外教通常只在中国待一年左右，而且经常请假，不仅可能在教学过程中半途而废，而且在能力和经验方面也各有差异。

选择 VIPKID 之后，丽娜可以在网站上了解到每一位老师的教育背景和工作经历，获得的资质和认证，被多少家长收藏，以及家长们对老师的评价。这种体验上的强烈对比，让丽娜坚信梅洛迪在 VIPKID 上课是一个正确的选择。

与线下机构相比，不仅 VIPKID 的外教更加稳定，而且 VIPKID 为用户提供了一套灵活的约课系统，家长既可以为孩子挑选不同特点的外教，体验教学方式的多元性，又可以与已经建立信任的某一位外教长期固定地约课，保证孩子上课体验的一致性——这对于年龄较小的孩子尤为重要。

在女儿梅洛迪在 VIPKID 学习的三年中，丽娜逐渐体会到这一功能所带来的好处。梅洛迪初来 VIPKID 时，虽然也懂一些英语，但缺乏用完整句子进行表达的能力，丽娜觉得梅洛迪需要培养自信来尝试用英语交谈。而现在对梅洛迪来说，能够与不同的老师互动就能让她有机会与不同的老师交谈，学习他们不同的说话风格，并且逐渐培养出自己与老师交谈的技能和信心。

"我故意让梅洛迪向不同的老师学习，"丽娜说，"我认为有效的沟通意味着能够和不同的人交谈。"

丽娜和梅洛迪同时选择了三名老师，让他们轮流给梅洛迪上课。这让梅洛迪有机会与每一位上课的老师都建立牢固的友谊（如果老师数量更多一些，让她做到这一点就很有难度了），同时接触不同的教学和说话风格（如果老师的数量更少一点，就不容易实现这一目的）。

VIPKID 的产品负责人斯蒂芬妮同意丽娜的观点。她认为，不同的老师能确保孩子们在学习英语时接触到不同的口音和腔调，进而他们能更有效地把英语听说技能运用到 VIPKID 课堂以外的真实环境中。

另一些父母则选择让自己的子女坚持跟一个老师上课。例如，一位叫金·福特纳（Kim Fortner）的 VIPKID 老师，一周五天都固定在早上八点给同一个学生上课。她和那个学生一起学习，无论是在学生的语言发展还是师生建立信任方面都取得了良好的效果。

"现在我有了自己的固定学生。"福特纳说，"家长可以在给子女报名之前先试听一次课，看 VIPKID 教学到底是怎么一回事。很多时候，试听课老师能够在这些渴望加入 VIPKID 的学生中发展出自己的固定学生。因为这些家长和孩子是第一次接触在线英语老师，他们会感觉非常新鲜和兴奋，所以他们会再次联系你，从而让他们的子女成为你的固定学生。"

无论家长是决定让子女向一个固定的老师学习，还是让不同的老师来轮流上课，VIPKID 都给他们提供这方面的自由，让他们根据自己的实际情况灵活选择。这只是在孩子学习英语的过程中，VIPKID 给学生和家长提供的另一种个性化的选择机会。

师生互动不同寻常

在世界各地广交朋友令人兴奋、感觉新鲜，也会吸引更多像梅洛迪一样的孩子参与 VIPKID 的在线学习。当与老师建立起牢固的师生情之后，学生们学习英语就会基于一个真正的原因——去了解自己关心的人，并与他们深入交谈。尽管他们上课是以视频的形式进行的，课堂是虚拟的，但友情却是真实的，这种情感上的连接会对学习带来巨大影响。

在每堂 VIPKID 课上，师生们都有时间建立关系并分享彼此的文化。学生有机会与遥远的教师互动。此外，VIPKID 课程还利用学生的这种好奇心，在教学中设置了学习特定文化知识的课程，比如，关于英语国家的假期和庆祝活动等内容。

当梅洛迪刚开始在 VIPKID 上课时，丽娜常常需要陪在女儿身边。但随着时间的推移，梅洛迪要求拥有更多的隐私空间。正如丽娜所发现的那样，梅洛迪非常喜欢向她的 VIPKID 老师介绍自己的生活情况。她经常要求和自己的一位老师交流对话，虽然她不一定意识到这其实是一种练习语言技能的好方法。有时，梅洛迪为了完成先前的对话内容，甚至一再要求和某些老师重新见面，而这些老师都成了她的知心朋友。

当孩子定期与同一个老师交流时，他们的话题会越来越丰富。认识到这一点之后，丽娜非常赞赏 VIPKID 为孩子提供了长期稳定的外教。

和梅洛迪一样，11 岁的双胞胎克劳迪娅（Claudia）和克里斯（Chris）也很喜欢自己的 VIPKID 老师。在 VIPKID 上了两年课之后，这对双胞胎已经和一大群老师成了朋友。

克劳迪娅说:"我甚至会跟我的老师谈起自己被欺负的事情。"她告诉 VIPKID 的老师自己被别人欺负时是什么样的一种感觉。一般来说,只有当学生感到安全舒适时,他们才会敞开心扉,向别人讲述令自己伤心的经历。

令人惊讶的是,学生如果发现老师愿意倾听自己的经历,他们学习起来就更有动力。

"当我和老师再次见面时,我喜欢在开始上课之前向她分享我的生活情况。这是我最喜欢做的一件事情,"克里斯向我们分享了他是如何重视了解自己的 VIPKID 老师的,"当我们开始上课时,我可以首先谈论《星球大战》。这就是建立友谊的一种方式。"

克劳迪娅和克里斯发现,和 VIPKID 的老师接触特别容易,因为他们全都精力充沛、乐于交友。VIPKID 的课堂文化不同于传统的学校,传统学校里的老师往往非常严格,但在 VIPKID 的课堂上,学生们感觉老师更像是自己的家人。

除了建立牢固的关系之外,克劳迪娅和克里斯还能在 VIPKID 课堂获得更精彩的学习体验。一般在实体教室上课的时候,学生往往没有机会得到老师的一对一辅导。但在 VIPKID 课堂上,克劳迪娅和克里斯比在学校经历的活动更具互动性,VIPKID 能够给他们提供更加个性化的学习体验。

"在学校,老师一般不会注意到我的具体情况,"克劳迪娅说,"但在 VIPKID 一对一的课堂上,我终于有机会直接和老师互动。"

对于老师来说,效果同样如此。由于时差,中国学生上课的高峰期正是北美大部分地区的凌晨至清晨。VIPKID 需要激励教师早起，并让他们浑身充满能量，以积极的心态去迎接自己的学生。有一位老师叫丽贝卡·菲尔普斯（Rebecca Phelps），她认为即使她有这么多年与孩子们相处的经历，也从未真正理解师生之间建立友谊的重要作用。直到她来到 VIPKID 上课，这一切才得以改变。

"我开始了解他们，了解他们的好恶，了解他们的家人、兄弟姐妹、旅行到过的地方及他们心中的梦想。"菲尔普斯说，"能在 25 分钟的课堂上通过电脑建立起师生之间的情谊，这让我感到很惊讶。"

在 VIPKID 平台上，菲尔普斯拥有很多固定学生。她观察到这些学生无论是在语言学习还是在日常生活中，都在茁壮成长。她很高兴地看到学生们掌握了各种新的技能，正朝着好的方向发展，比如看到一个曾经非常紧张的孩子终于获得自信并开朗起来。能够见证孩子的成长，是作为一个 VIPKID 老师最骄傲的事情之一。

2019 年，菲尔普斯终于有机会与她的几个学生在现实生活中见面，这想起来真是不可思议。当时，菲尔普斯要到中国去领养一个小孩。领养孩子时，她必须经过广州，那里离她的几个学生的家很近。即使在中国期间，菲尔普斯依然可以在线给 VIPKID 学生上课。在课上，她向一个学生分享了自己在广州的见闻，这让那位学生兴奋地意识到她心爱的老师离自己很近。这个学生将消息告诉了自己的妈妈，于是他们决定到广州去见菲尔普斯一家人，并一起出去吃午饭。师生之间的这次会面，把他们的友谊从屏幕上搬到现实中来，这让菲尔普斯和她的学生都深感兴奋。

VIPKID 的联合创始人陈媛就好几次亲眼看见一些学生和他们的 VIPKID 老师会面的情景。比如，2018 年 9 月在佛罗里达州奥兰多市举行的北美教师大会上，几名学生在家长的陪伴下从中国飞来参加活动并见到了他们的老师。

"一位老师见到了一个她教了几年的学生。当老师紧紧拥抱学生时，现场许多观众哭了起来。场面真是太感人了。"

看得见的评价

刚开始上课时，许多家长像丽娜一样，坐在孩子身边观看课堂的进展情况。但当家长对 VIPKID 的教学越来越有信心时，他们一般就会让孩子独立进行课堂学习，偶尔通过 VIPKID 手机软件监督课堂，或在课后查看课程回放。自主的课堂对学生来说是一件好事，但可能会让父母对孩子的进步情况不甚了解。

为了帮助家长了解孩子的学习情况，VIPKID 的教师在每节课结束后都会发送关于孩子进展情况的反馈报告。这些信息有助于家长了解孩子的学习情况，并在家里对孩子提供相应的辅导。

克劳迪娅和克里斯的母亲李颖（Julia Lee）是 VIPKID 的用户体验副总裁，她每周要出差两次，因此与家人分开的时间很长。克劳迪娅和克里斯在母亲出差时，会按时参加 VIPKID 的课堂学习。尽管两个孩子上课时，李颖和他们相距甚远，但她仍然能够通过教师的反馈报告随时了解到克劳迪娅和克里斯的进步情况。

"老师不仅写出学生实现课程目标的进展情况，还记录了一些关于克劳迪娅和克里斯的个人事情。"李颖说，"甚至我自己都不知道克劳迪娅生病了，但是老师写道，她很高兴克劳迪娅已经康复。这些老师真是做得太细致、太周到了。"

在传统课堂中，虽然家长很渴望了解孩子的表现，但教师很难了解每一个学生的状态。所以当VIPKID的教师每次都给出充满鼓励、细致入微的教学反馈信息时，家长对VIPKID更具信心。这对那些不会英语的家长尤其有用，在内置翻译工具的帮助下，家长可以直接把老师的英文反馈翻译成中文，如果没有这些信息，他们可能无法准确衡量学生的进步。

在课程结束后，不仅教师会反馈学生的表现，而且家长也会对教师的表现予以评价。最初这些评价只有VIPKID的员工可以看见，但米雯娟决定把这些评价公开："我们一度非常担心有些家长的评价会让教师感到沮丧，但当教师看到家长对他们的评价之后，很多教师感动得哭了，因为中国家长真的非常尊敬他们，大部分家长都会在反馈中感谢教师对孩子的悉心教导。"

重要角色：课堂救火队员

VIPKID的教学模式因其注重个性发展而获得了很多认可，但是无论教学模式多么优秀，任何网络教育公司都会遇到技术难题，

VIPKID 也不例外。当课堂教学依赖师生的电脑性能及联网状态时，在线连接并不是总能顺利进行。

虽然 VIPKID 积极致力于创建最佳的教学平台并提供先进的教学技术，便于课堂教学使用，但它也意识到在教学实践中可能会发生这方面的故障。因此，VIPKID 提供现场服务，帮助师生解决这些潜在的技术问题。这些被称为救火队员的技术助手的职责就是在上课期间向教师和学生提供帮助，以解决他们可能出现的任何技术需求或问题。

知道自己能够获得现成的技术支持，教师们的上课压力减轻了不少。教师们不再担心可能出现的技术问题，能够更加专注于他们最擅长的课堂教学。救火队员的加入，进一步落实了 VIPKID 团队做出的原本就令人印象深刻的承诺：对教师提供支持服务。家长和学生们也喜欢有人在旁边保障自己的在线学习体验，而这种感觉与他们以前参加过的任何辅导班都不一样。

菲尔普斯很感谢救火队员。她记起自己有一次给 VIPKID 乡村课堂的孩子上课的经历。那堂课开始时，菲尔普斯打开屏幕，马上进入教学，但几分钟后，她发现自己看不到学生们的反应。正当菲尔普斯感到不知所措的时候，她收到一封电子邮件，通知她"你现在可以开始教学了"。

原来，课堂发生了技术故障，等候菲尔普斯的乡村班级的学生和老师看不到她出现在教室的电视屏幕上，因此立即联系了 VIPKID 的员工。负责对话的 VIPKID 员工和技术团队没有慌张，而是镇定地工作，排查故障，最终让课堂恢复了正常。

上完这一节课，菲尔普斯坐下来思考这些工作人员在解决问题时的表现。"他们每个人的行为都鼓舞人心，"菲尔普斯说，"没有人相互埋怨指责，所有人都在高效地着手解决问题，对形势做出积极的改变。如果没有这些救火队员的努力，我只能难过地离开课堂，我相信那些盼望着每周一次的外教课的乡村孩子也会和我一样难过。但现在我对未来的课堂更有信心了。如果下次再遇到类似的情况，我会保持微笑等待课堂恢复，因为我知道有人正在课堂背后全力以赴，做出各种尝试，默默保证教学的顺利进行。下一次我们都会做得更好。"

第 04 章

快速发展的奥秘：模式与经营

　　VIPKID 让孩子和北美外教一对一在线教学的模式，给予学生们一个沉浸式的英语学习环境，帮助学生爱上学习，敢于表达。但这还不是用户选择 VIPKID 的全部原因。在课程设计和教学方法上，为了让学生的学习更加卓有成效，VIPKID 的教研和服务团队做了大量的工作。

　　传统的语言课把外语知识分成很多小块，并且基本上是用孩子的母语来进行教学。但是孩子们如果能完全沉浸在外语环境之中，那他们接触外语的时间就会大大增加。例如，当人们出国旅行时，由于周围接触的全是外语，他们就能够快速地学习当地语言，这样的例子已经证明了沉浸式教学模式的实用性。

　　当学生开始学习外语时，VIPKID 教学的重点是发展他们的听说能力。随着语言技能的逐步提高，学生就会一边花时间继续提高自己的听说能力，一边学习英语的读写技能。

VIPKID目前提供的主要课程叫作主修课程。学生初次接触VIPKID时，需要进行课堂试听和定级评测。定级评测和试听课可以评估学生的英语水平，从而确定他们应当学习哪个级别的课程。

主修课程旨在提高4~15岁儿童的创造性思维能力。它是一个严谨而庞大的体系，分为不同级别，每个级别分为12个学习单元，每个单元又包括两个学习周期，而每个学习周期大约有6节课。目前VIPKID提供的课程一共分为7个级别，分别为L1、L2、L3、L4、L5、L6、L7 Plus。L7 Plus使用引进的霍顿·米夫林·哈考特出版社的进阶英语教科书，来让孩子们学习语言技能。主修课程旨在引导学生完成相当于美国小学阶段的英语学习。

在L1，孩子们开始他们学习英语的第一次经历。这一级的目标是让学生爱上语言学习并建立基本的语言技能。在L2，6岁以上的孩子学习基本技能，培养自信地开口说英语的能力。L3以培养阅读和表达为重点，在这一级，学生也能就一些话题与教师进行深入有趣的讨论。

到了L4，阅读将分成虚构类和非虚构类两大类型，学生借助短短的一组图片来理解不同的主题，并总结阅读内容的中心思想。L5会让学生在语言能力、文化知识和思维能力上实现跨越式的发展。在L6，学生开始发展独立阅读的能力，并使用英语表达他们所学到的主题知识。L6的目标是让学生为国际学校所要求的下一阶段学习做好准备，也就是要求他们具有学术学习或使用学术英语的能力。

L7 Plus课程的设置主要是为了提高学生的阅读和写作能力，

提高听说技能，为他们在英语方面取得学术成功而奠定基础。完成 7 个级别课程的儿童的英语水平，相当于美国小学四年级的学生水平。

主修课程的建立考虑到了中国、韩国和其他地方学生的需求状况。根据布鲁姆教育目标分类法[1]，儿童的教学要能适合他们的英语水平和认知能力。除了提高学生的语言技能之外，主修课程还旨在向学生传授全球视野和成为 21 世纪公民所需的基本技能。

学生在上课前，就有机会通过课前预习视频熟悉这一节课的相关知识点，这样，他们在 25 分钟的上课时间里能够更好地进行高频率、强互动的学习，而在课后，他们可以通过互动练习和复习手册巩固所学知识点，从而实现所谓的"翻转课堂"。所谓的"翻转"是指重新调整课堂内外的时间。翻转课堂是非常重要的教学方法，可以让孩子更主动地基于场景学习，和教师共同研究和学习语言知识，提升语言技能，从而获得更深层次的理解。

下课之后，学生们会在网上做练习并复习课后手册。在 L1 课程中，课后手册被称为"活动手册"。该活动手册具有"蒙台梭利教学法"[2]的特点，重点是通过亲子游戏来提高学生的语言习得能

---

[1] 布鲁姆教育目标分类法是美国当代著名的心理学家、教育家本杰明·布鲁姆提出的一种教育分类方法，在国际上具有重要影响。其教育目标可分为三大领域：认知领域、情感领域和动作技能领域。——译者注

[2] 蒙台梭利教学法是由意大利幼儿教育专家蒙台梭利博士倾其毕生经验创造的。其教学法的精髓在于培养幼儿自觉主动的学习和探索精神。在蒙氏教室里，有丰富多彩的教具，它们都是根据儿童成长发展敏感期创立的适宜儿童成长的"玩具"。蒙台梭利教学内容包括日常生活教育、感官教育、数学教育、语言教育、科学文化教育等内容。孩子通过自我重复操作蒙氏教具建构完善的人格，在自由操作中得到多方面的能力训练。——译者注

力。而 L2~L6 的课后手册包含每个单元的核心学习内容，如词汇、句型、语法和项目等。

除了主修课程之外，VIPKID 还提供个性化专项课程、自学工具（如闪记单词卡和数字图书馆）及免费资源。有一些专项课程是关于拼写、发音和词汇方面的知识。学生可以通过学唱歌曲、虚拟实地考察及其他一些资源来学习英语。当学习主修课程时，学生可以根据一位专门帮助自己的 VIPKID 员工（学习成长伙伴）的建议来选修这些补充课程，学习成长伙伴致力于为学生创建个性化的学习方案。

专属的学习成长伙伴

为了让用户获得舒适顺畅的使用体验，VIPKID 会为每个学生家庭配备专属的学习成长伙伴。这些学习成长伙伴在学生学习 VIPKID 课程期间一直充当他们的专任向导，帮助学生和家长了解 VIPKID 庞大的课程体系，规划上课的时间、频次和内容。学习成长伙伴是一个特别重要的角色，与可以灵活选择的外教相比，学习成长伙伴的角色相对固定，在学生学习 VIPKID 课程的整个期间，学习成长伙伴始终关注学生的学习状况并时刻准备提供指导，引导学生在学习上取得进步。

在学生入学阶段，学习成长伙伴就和家庭进行配对，帮助家长读懂从教师那里收到的反馈报告，并商讨下一步如何通过 VIPKID

在自己家中对孩子提供学习支持。除了为学生推荐主修课程，学习成长伙伴还推荐其他有趣的选修课程。他们可能会建议某个孩子参加一个关于太空任务的课程，或者为需要在这个领域进行补充练习的学生专门推荐一门相关的语音课程。

许多家长可能不太熟悉语言发展的不同阶段的情况，如果孩子在最初的几节课里比较安静，很少和外教对话，父母就会忧心忡忡，怀疑在线学习是否有效。但学习成长伙伴提供了关于语言发展的相关信息和具体建议。例如，当学生刚开始学习英语时，他们通常会经历一段沉默期，在这段时间里，学生不愿意用英语交谈，但是他们仍然在学习和吸收英语知识。学习成长伙伴将帮助家长正确认识这个阶段的学生状况，并为家长提供建议，告诉他们如何积极引导自己的孩子度过这段沉默期。

而到了语言发展的后期，学生通常会进入一个新阶段，此时他们使用语法的能力会出现差异，因为他们正在尝试使用不同的语言模式。学习成长伙伴可以帮助家长正确理解这一阶段，这样，那些本身不是语言专家的家长就可以在这一过程中得到专业指导。家长认为，学习成长伙伴有助于改善他们在 VIPKID 的体验，并让他们对自己为孩子做出的决定更有信心和依据。

学习成长伙伴主要使用微信与家长交流——微信在中国是一种非常流行的社交平台。学习成长伙伴还可以通过 VIPKID 平台向家长发送信息，有时还可以通过电话办理入学手续。正如学生能与老师建立牢固的人际关系一样，许多家长也与学习成长伙伴建立了深厚的友谊。

因此，VIPKID 的产品负责人斯蒂芬妮·李认为："我们不会过度限制家长和学习成长伙伴交流的方式，因为一些学习成长伙伴会成为家长真正信任的朋友。"

曾经有一位来自中国贵州偏远地区的学员家长，给孩子的学习成长伙伴艾米莉（Emily）写信表达感谢："艾米莉老师，谢谢你！你的鼓励和帮助是给孩子最大的奖励。在学校，孩子的老师总觉得她一无是处，忽略她，打击她。孩子上课被抽手，罚站，不选她参加她喜欢的体育项目，写的作文老师说不好，有时给她不合格。作为妈妈，我的挫败感特别大，我和孩子爸爸都是 10 年前毕业于 211 学校的研究生，毕业后没有去大城市，而是回到家乡，有了孩子以后我有些许后悔，我只能以自己的小小力量，拉近孩子与外界的距离。特别感恩能够遇到你，有时候你也会细心照顾到和学习英文不相关的问题，我知道这样的工作是很辛苦的，因为你经常要等到家长休息的时间来工作。谢谢孩子在你这里得到了温柔的对待，我能感受到孩子和你说话多么快乐，多么想在你的面前表现自己，尽管她就是个普通的小女孩，我也希望她的童年能有更多幸福的回忆，谢谢你的给予，真诚的！"

在这个孩子学习 VIPKID 的两年时间里，她从一个轻微自闭、不愿意跟人交流的孩子，变成一个自信活泼的孩子，家长把这归功于艾米莉对孩子的耐心引导。

学习成长伙伴的另一个作用是听取家长的建议，为公司的教研团队提供有益的反馈信息。

斯蒂芬妮说:"我们在内部建立了很多反馈路径,让学习成长伙伴也可以向其他部门提供反馈意见,从而确保家长和学生在 VIPKID 的整个学习期间都能获得连续顺畅的用户体验。"

课程设计:在平衡中助力起飞

为了让学生更容易地参与到语言学习过程中,VIPKID 的课堂内容需要设计得恰到好处,如果课程难度太大,学生很容易气馁,从而丧失继续学习这门新语言的热情和毅力。然而,如果课程设计得过于简单,学生就不会取得最大的进步。因此,为了帮助学生实现他们的学习目标,课程设计完全算得上是一门艺术。在这方面,VIPKID 课程团队已经做了大量的设计和测试,以确保这些课程具有清晰而恰当的进度,既不失严谨又能引人入胜。

"举个例子,当我们考虑向学生介绍名词和动词的语法概念时,我们非常希望能用一种沉浸式英语学习环境来将其引入课堂内容,"斯蒂芬妮·李解释说,"通过让学生在学习时不断接触略有区别的语言环境,他们就可以独立学习并积累起关于这门语言的使用知识。"

VIPKID 的课程从学生熟悉的实用概念开始,包括如何表达每周的天数、衣物的分类,以及各种基本技术的名称,等等。通过从他们身边的事物和熟悉的内容开始,学生更容易专注于语言学习。学生取得进步之后,教师可以让他们接触一些平时不太熟悉的内容。这种方法让学生循序渐进地接触困难任务，有助于训练学生掌握理解复杂主题所必需的语言能力。

斯蒂芬妮说："当我们考虑如何将学生应当掌握的语言知识融入生活情景时，我们想确保，尤其是在最初的几个阶段，他们接触到的是自己熟悉的相关情景。"

VIPKID 的课程设置其实是基于布鲁姆目标分类法，这是一套基于复杂性对学习目标进行分类的层级模型。例如，诸如"记忆"这样的任务被归类为低级思维技能，而"分析"和"评估"则被视为是级别更高的思维技能。VIPKID 的所有课程和课件都按照预想的认知复杂程度做了标记，这样有助于教师理解课程背后的设计意图，并激励学生掌握与之相关的语言技能。

VIPKID 的课程取材于现实世界，能帮助学生将所学的语言知识运用到日常生活当中。除了学习英语，VIPKID 的学生还学习其他一些学科内容，比如社会研究、科学知识、语言艺术或数学。通过用另一种语言学习知识，学生能更专注地理解概念并提高自己语言表达的流畅性。他们还要学习学术语言，虽然这种语言在传统语言课上有时会被忽略。有时候，人们把学习语言和学习知识看作是两件完全不同的事情，但是 VIPKID 希望通过学习外语来让学生掌握知识。

此外，各种辅助内容和支撑材料可供师生在教学过程中使用。随着时间的推移，学生变得更加独立。为了更好地理解 VIPKID 的教学模式，我们可以联想教孩子骑自行车的情形。我们通常先让孩子使用带训练轮的自行车，并在他骑车时抓住自行车的后部，帮助他掌握平衡。只有孩子把车骑得更稳之后，我们才会松开手。最后，当他完全能够驾驭时，我们就会把自行车上的支撑装置取下来。学骑自行车的过程类似于VIPKID在孩子学习过程中所采取的做法：先是在他们未能稳定立足之时提供各种帮助手段，等时机成熟之后就取消这些支持手段。

斯蒂芬妮说："我们的老师有时在课堂上会使用诸如全身反应教学法之类的助学手段，这是我们极力推荐使用的。尤其是在孩子的沉默期，教师应当多使用肢体动作，以确保学生和教师能互相适应，并使孩子在语言发展过程中始终保持参与性。"

VIPKID课程的设置同时参考了一种被称为"逐步放责"的教育方法。在这种方法中，认知负荷会逐渐从教师身上转移出去，并最终全部落到学生身上。这种模式跟其他功能设置一样，提供了一种类似于脚手架的助学方法。也就是说，学生在开始上课时会得到更多支持，然后随着学生能够更加独立和流利地使用语言，这些支持会逐渐减少，直至最终消失。

这点与传统课堂不同。传统课堂可能更倾向于由教师主导——一般采取教师提问，学生回答的方式。而"逐步放责"的教学方法只是提供帮助学生获取语言技能的脚手架，但最终目的是将他们培养成独立的学习者，可以参与更复杂的认知任务，进而培养学生的自主学习能力。

25 分钟的精彩

在 VIPKID 上课前,教师会得到供本堂课使用的课件和讲义脚本。在课堂上,师生彼此都可以在屏幕上看到对方及课件上的内容。教师可以和学生一起在课件上随意写写画画,这就给课堂教学提供了额外的互动元素。

每节课都有配套的课件,这能帮助教师迅速进入上课状态,在这些课件的帮助下,一位教师可以在一天之内辅导学习不同等级、不同单元的学生,省去了传统教学模式中教师花费大量时间备课的环节。同样,同一名学生也可以和多位教师灵活约课。举例来说,如果一个学生第三课的内容是和另一位教师一起学的,但下一位教师可以从第四课的内容继续讲解,而不用浪费任何时间去理解学生先前学过的内容。

每节主修课程的内容都遵循一套标准的进度。由于每堂课只有 25 分钟的时间,教师得快速有效地讲完每部分的知识。每堂课都以热身内容开始,而这对吸引学生的学习兴趣尤为重要。

"我会先调动学生的兴趣,让他们真正参与进来,之后再开始讲课,"丽贝卡·菲尔普斯这样说道,"如果我一开始就能激发他们的学习兴趣,那我就能让这种兴趣保持 25 分钟。"

在让学生热身之后,教师会将各种知识点加以分解,并带着学生逐一学习。每堂课可能要覆盖 3~4 个知识点,这些知识点可能是关于词汇、语音或语法模式等方面的内容。

每节课都有一个结尾部分，以一张总结性的课件作为结束标志。此时学生可以总结和回顾他们所学的内容。每上完12节课，学生就完成了一个学习单元。为了对该单元的学习进行总结和反思，学生们会做一些项目展示，把所学的全部内容整合起来。在每单元的第5节课时，教师会给学生做细致的项目讲解，在第12节课开始前，学生都可以精心准备项目，也许是一个演讲，也许是一个手工作品。通过这些项目，学生们也有更多机会来与别人分享他们个人的兴趣和才能。向教师展示作品的过程，也是进行口语练习的机会。这些项目脱离了传统的课程结构，赋予学生发挥创造力的自由。经过一系列旨在逐渐将责任移交给学生的课堂学习之后，这些项目为学生提供了一个可以更独立地学习及展示自身技能的大好机会。

同时，在每堂课的教学过程中，学生也有机会获得奖励。这些奖励能激发学生的学习兴趣，让他们坚持完成学习任务，并在整堂课中积极表现。

VIPKID教研团队的现任成员马德里·罗斯拉指出，目前项目展示正在升级，以使它将来更具吸引力。

罗斯拉说："在升级过程中，我们将项目展示放在更重要的位置，因为我们认为它非常重要。学生学习的动力之一就在于他们能够向别人展示一些东西。"

例如，在关于人体这一单元结束的时候，学生们要完成一个他们生活中的项目。在中国的公立学校，学生每天都要在操场做早操，前面有一个人领操，其他人则跟着做。早操包括跑步、做伸展运动，以及其他体育活动形式。

关于人体的项目展示要求学生利用在英语课堂上所学的关于身体部位的知识，设计出一套他们自己的早操。学生必须画出他们做操的图片并在各部位贴上英文标签，然后通过自己领操做示范动作告诉 VIPKID 的老师该如何跟着做操。这个项目通过让学生联系与日常生活有关的实际情形来练习英语。

另一方面，VIPKID 也能帮助学生实现他们心中的梦想。学生对教育产品有很多疯狂的想法。VIPKID 的教学和研究团队想要设计新产品时，非常愿意采纳学生的想法。例如，李颖就曾有过这样的经历，她说："克劳迪娅和克里斯在参加学生学习中心的会议时甚至给出了一些建议。去年暑假，我带两个孩子去北京与我们的产品经理和技术工程师开了一个特别会议。他们最终采用了克劳迪娅的建议，升级了学生学习中心。"

捕捉孩子的注意力

很多人认为在线课堂不够生动，师生很难隔着屏幕互动，其实不然。为了帮助学生完成学习任务，教师会给学生各种支持，这些支持包括视觉效果、各种动作、面部表情及模拟示范。通过结构化的课程，学生们能够在享受学习乐趣的同时，在语言学习中取得进步。

正如前文所言，VIPKID 吸引学生的一种方式是通过使用全身反应教学法来让学生在课堂上积极回应。全身反应教学法是通过将肢体反应与语言输入匹配来进行语言教学。例如，当教师表示自己想听学生说点什么时，她可能会把手拢起来放在耳朵上。使用全身反应教学法能帮助学生建立身心联系，并通过调动学生回应的积极性来增加课堂教学的参与度。使用全身反应的学生能够移动身体，获得更全面的交流体验，而不是简单地坐在电脑屏幕后面和教师聊天。

教师在整个课堂教学过程中使用全身反应教学法来提高学生的参与度并提高学习语言的效果。例如，当学习身体的部位时，教师可能会说"我的手在动"，同时做出相应的动作，然后教师可能会重复同样的动作，以此告诉学生也动一下他自己的手。当学生按要求做出动作时，他可以说："我的手在动。"这样，通过将肢体动作与语言联系起来，学生就能进行综合学习。这能够让学生形成习惯，进而让他们更舒适地使用语言。

很多人对 VIPKID 的教师的第一印象是他们精力充沛。除了丰富的肢体动作，VIPKID 还鼓励教师们上课做出丰富的表情。这是借助身体姿势进行语言教学的另一种方式。教师如果表情丰富、充满热情，学生在身体上和视觉上就会乐于做出回应。

"你若把一个非常年幼的孩子放到屏幕前进行严肃的课堂学习，会发现他们其实什么也学不到。"马德里·罗斯拉说。

相反，当学生能参与进来并与教师互动时，他们学习的效果才会最好。VIPKID 通过鼓励教师积极、热烈表现，让学生忽视那层屏幕的阻隔——学生们不再仅仅是坐在屏幕前的被动观众，而是成为课堂活动的积极参与者。

为了让孩子们联想起生活中的真实事物，VIPKID 的教师在课堂上会利用大量的视觉效果。在帮助孩子们保持注意力时，保持课堂活动的趣味性和互动性显得尤为重要，所以教师可能会在一堂课中使用许多不同的视觉效果和教学道具。

"教师上课时表现得精力充沛、热情洋溢，并不仅仅是为了造成一种印象，让孩子们以为自己正在学习知识，"罗斯拉说，"他们这样做的目的是希望真正积极地与学生进行交流。"

VIPKID 的教师善于使用全身反应教学法及各种教具。使用教具可以帮助教师吸引学生的注意。许多教师在课堂上使用木偶、海报和其他实物教具。不同的教师使用不同的教具来激励自己的学生，同时也给他们提供一个借助各种教具互动的机会。

鉴于这些教具在师生中大受欢迎且极为重要，VIPKID 决定在网上开设一家商店，教师可以在那里购买各种道具用于自己的课堂教学，比如 VIPKID 白板和 VIPKID 的吉祥物 Dino——一只恐龙形象的毛绒玩具。而在商店开张之前，教师们只能在各个不同的商店购买木偶和海报。

VIPKID 商店一开张就非常受教师们的欢迎。在召开芝加哥的北美外教大会时，VIPKID 把网上教具商店搬到了现场。结果教师们蜂拥而至，在短短三个小时之内就让这家商店赚了 35 000 美元。而 Dino 系列衍生品在师生中赢得了众多粉丝。在中国，也有不少学生购买或兑换 Dino 的玩具和服装。

"当教师在教室里放一只 Dino 时,学生们会非常羡慕,因为他们也想拥有一只 Dino,"VIPKID 的社区和发展负责人柯晓雯(Kevyn Klein)说,"你知道吗?这样做能帮助孩子们在课堂上集中精力。如果教师有 Dino 手偶,学生也有 Dino 手偶,他们就可以玩恐龙游戏了。"

为孩子准确定位适合的课程

VIPKID 课程的覆盖范围和教学顺序旨在引导学生通过不同级别的语言学习,并且在教学实践中随着时间的推移而逐渐减少辅助从而鼓励他们最终独立学习。但是,即使课程设计得再扎实、再有效,也并不意味着学生会以同样的进度学习。为了在学生加入 VIPKID 时有效地引导学生选择适合他们的课程,VIPKID 需要学生完成 15 分钟的英语水平自测和一次试听课,从而全面、立体地评估学生的英语水平。这些初步评估有助于确定让孩子进入何种级别的课程学习,进而为每个学生量身定制 VIPKID 的课程规划。这是提供个性化体验的关键。

在试听课时,教师会评价学生的口语水平,有时还会考察学生的阅读理解能力。这些评估能找出学生语言能力的基准水平。这仅仅是一个开始,学生以后在 VIPKID 的学习旅程中还要经历一系列学习效果评估。

一旦学生开始定期在 VIPKID 参加学习,每个学习周期都有一个形成性评价，其中除了总评分，还包括语法、口语与听力、阅读与写作、数学、社会科学等多个小项的评估得分，以及教师对学生的评价建议。在完成每个单元学习后，VIPKID 会对学生进行一次内容稍长的总结报告，从而检查学生在这个单元中的进展情况。

尽管评估是 VIPKID 课程教学中的重要内容，但公司一直在考虑如何改进、拓展评估方法。为此，它正准备推出一种新的能力测试，该测试可以在学生的学习过程中进行，以便更好地反映学生的整体能力和学习进展情况。

"我们从在其他地方参加标准化考试的学生身上发现，许多在 VIPKID 课堂上附带使用的语言，也可以被学生掌握，"斯蒂芬妮·李说，"现在通过形成性评估，我们可以获悉学生学习的部分情况，并确保我们的学习目标得以实现。在许多英语或其他外语课堂上也是如此，但这往往涉及学习的深度问题，因为在其他的英语课上，教师也会用中文进行讲解。但是就我们而言，由于我们的教师全是外教，他们一直讲英语，所以学生们自然会在课堂上学到很多教师偶然使用的英语表达。"

这些新的评估方案将有助于衡量这种"附带习得"[①]的效果和影响。正如斯蒂芬妮所说的那样，"对我们来说，孩子们在 VIPKID

---

① 附带习得，或称为隐性学习。根据一些学者的意见，中高水平的学习者通常更多以广泛的接触语料（特别是广泛地阅读或视听）来学习词汇或词汇搭配，因此，他们提倡学习者在广泛接触真实语料时，应该在完成比如阅读等其他任务的同时，附带学习词汇及词汇之间的搭配。——译者注

的学习方式在很大程度上并不局限于白纸黑字的教材内容。我们很高兴能找到一种方法来量化和理解孩子们在这方面的进展情况"。

有时 VIPKID 的学生会参加学校组织的考试或其他地方组织的比赛。无论 VIPKID 是从家长那里得到的反馈信息,还是有时从合作机构那里获取的匿名数据,通常这些都表明 VIPKID 的学生的表现领先于常规水平。

而即便在学习英语时间相同的情况下,VIPKID 学生的表现还是要略胜一筹。

斯蒂芬妮说:"我们将利用这些数据来了解 VIPKID 的课程和教学是否达到了我们的预期目标,以及是否还有一些我们目前可能没有发现的其他效果。"

国内与国外标准的融合

为了满足中国学生和家长的学习需求,VIPKID 在开发课程时会考虑不同的学术标准。当创建主修课程的内容时,VIPKID 与美国许多地区采用的美国共同核心州立标准[1](CCSS)保持一致。美国共同核心州立标准涵盖阅读、写作、口语、听力和数学。

---

[1] 美国共同核心州立标准,源自美国的"各州共同核心课程标准规划"。该教育规划详细规定了 K12 学生于各个年级结束之时,在英语文学和数学方面应该掌握的知识。该规划旨在于州际间建立起一致的教育标准,并确保中学毕业生为实行学分制的两年制、四年制的大学教育以及直接就业做好准备。——译者注

除此之外，各级别所学内容同时参考了欧洲语言共同参考框架（CEFR）中相应级别的语言能力描述，并和国际通用考试接轨。

但课程团队考虑的不仅仅是国外标准。VIPKID 课程的内容与学生已经知道或即将学习的内容保持一致非常重要。考虑到这一点，VIPKID 的课程团队还让课程覆盖了《义务教育英语课程标准》，以便更好地了解学生在学校学习的内容。他们还通过向学习成长伙伴和家长搜集数据，了解学生可能感兴趣的其他课程类型。

"真正的课外延伸往往体现在两大领域，其一涉及科学或其他学科领域，"斯蒂芬妮在解释需求最高的其他课程类型时说，"其二则涉及英语的特定领域，比如语法或语音。"

如何让孩子养成自学能力

除了参加 VIPKID 的课程外，学生还可以随时访问 VIPKID 学习中心，里面有数字图书馆、闪记单词卡、词句跟读、外教带你看世界等自学工具，以及其他资源。内容制作经理凯文·盖尼帮助制作了许多这样的内容。他录制了英语歌曲及自己阅读流行的英语故事的视频，盖尼也因此成为孩子们睡前故事中的主角之一。

盖尼还为 VIPKID 的学生制作了《外教带你看世界》系列视频，这些是他在世界各地拍摄的游览视频。在外景拍摄中，盖尼充当学生的旅游东道主，带着他们四处参观，并向他们展示他们以前可能从未接触过的异族文化特色。迄今为止，他已经拍摄了加州、关岛和毛里求斯的虚拟实地考察视频。到了加利福尼亚之后，他还曾拍摄旧金山、洛杉矶和萨克拉门托。

"我一直想旅行，所以这对我来说是一个难得的机会。"盖尼说。

接下来盖尼的《外教带你看世界》将包括布鲁塞尔和迪拜。家长和学生可以观看这些视频，学习更多关于世界各地的知识，同时也能加强对英语的理解。这些视频是学生以其他方式参与语言学习的另一种选择。

学生和家长可以在正常上课时间之外访问数字图书馆里的所有资源，包括歌曲、视频、故事等。这样，即使学生没有上课，他们在一周之中也能找到机会去自学语言知识。

公开课：一个大挑战

VIPKID 始终专注于设计有效的个性化学习体验，而这最初是从完善一对一的课堂教学开始的。但是后来 VIPKID 开始考虑扩大公司的影响。如果学生在一周之内可以再上一些其他课程，效果又会怎么样呢？如何充分发挥一个教师的作用呢？ VIPKID 开始用一对多的上课形式来补充已有的一对一教学模式。这些规模更大的课程就是 VIPKID 提供给孩子们选择的公开课。公开课是现场直播，也就是让一位教师同时在许多学生面前讲课。公开课旨在讲授引人入胜的话题，有时侧重于美国文化中的特定元素，如节日和庆典等。VIPKID 每个月至少有 100 堂公开课向学生们开放。

斯蒂芬妮说："一些公开课无论是看起来还是在感觉上，都像典型的在线课程，其中只有一名教师和一份课件。而另一些公开课就像电视节目，基本上属于教育娱乐性质，知识点被嵌入故事中，然后设计一些问题进行互动。"

虽然VIPKID的学生主要学习的是主修课程，但他们也可以通过参加公开课来补充学习。不同语言级别都有相应的公开课，从而使学生们都有机会参与其中。

VIPKID的这门课之所以被称为公开课，是因为只要学生愿意，VIPKID都欢迎他们参与进来。公开课一次可以容纳上千名学生，而上课的教师完全看不见任何一个听课的学生。这对教师来说，既感到振奋又充满挑战。

"我有时真的在想，这些我看不见的学生就藏在电脑屏幕的后面盯着我看，"上过公开课的教师丽贝卡·菲尔普斯说，"我尽量让自己充满活力，变得快乐而又迷人。因为你不能确定学生们是否理解或是喜欢这堂课。但这真的很有趣，对我来说，知道这么多学生有机会接触VIPKID课程也是很棒的体验。"

VIPKID为公开课开发了许多新的在线教室功能，如收集学生的反馈数据，又如表情符号、AR（增强现实）功能、语音识别，以及与老师的互动的情况。这些新功能不仅有助于创造积极的用户体验，同时有助于教师根据学生在课堂上的反馈更加有效地调整授课情况。

STEM：小创造者联盟

随着 VIPKID 的规模不断扩大，它的课程也在扩展。斯蒂芬妮·李目前是小创造者联盟的课程系列的产品领导者。这些课程侧重于 STEM（科学、技术、工程和数学），并采取基于项目的学习方法。

进入小创造者联盟的学生必须至少达到主修课程 L4 的英语能力，即相当于英语国家一年级学生的水平。由于对英语已经有了一定的理解，这些学生能够更好地理解主题并参与项目。

STEM 课程采用建构主义方法，让学生在辅助教师的指导下进行实验并构建自己的想法。在小创造者联盟班上，学生们被要求做一些事情，如进行科学假设，以及学习编码技能等。让学生参与这些项目，实际上是为他们提供了一种更加个性化的培养方法，因为他们可以提出自己的解决方案，并测试各种想法的可行性。

"小创造者联盟真的是基于学生的兴趣并找准了其中的要害，而且（斯蒂芬妮）对课程的设置方式也很酷，给了学生很多自主权和独立性。"VIPKID 教研团队的教师马德里·罗斯拉如此评价小创造者联盟。

小创造者联盟只是对 VIPKID 未来发展的一种提前体验。VIPKID 了解这种形式对孩子学习所产生的深远影响，因此希望在各个学科领域中开发出更多基于项目的课程。

第05章

当在线教室走进偏远农村

开放式课程功能非常强大,因为它可以同时触达很多学生。VIPKID 对如何将在线教育模式带给更多的学生做了大量思考,特别是对如何惠及那些位于贫困地区或缺乏高质量教育体验的学生。2017 年,VIPKID 启动了乡村公益项目。这个项目免费为中国农村的学生提供一对多的在线外教英语课程。

乡村公益项目旨在帮助贫困儿童获得高质量的英语教学。通过这个项目,VIPKID 为每所加入该计划的中国农村学校分配一名优秀的 VIPKID 教师,这位教师负责给那里的班级每周上一节固定的外教课。和 VIPKID 一对一在线教学不同的是,参与乡村公益项目的教师要带领一个班级的学生一起互动。

乡村公益项目是 VIPKID 践行企业社会责任的第一步行动,米雯娟的初衷是为中国农村的学生提供高质量的英语教育,让缺少英语教师的农村孩子也能像城市的孩子一样学习英语。

"我们的使命是'赋能教育、启迪未来'，"米雯娟解释说，"在技术的支持下，我们看到了和更多孩子一起学习的可能性。世界上还有那么多的孩子需要我们的关心和帮助。"

鉴于农村和城市的资源差距，许多农村学校缺乏合格的英语教师和英语学习资源。而英语又是中国孩子未来必须掌握的一项重要技能，因为它不仅是小学到高中的中国学生的核心课程，而且在全国高考中也是必考科目。此外，英语还是保障他们今后在就业市场上找到好工作的一项重要技能。

过去，由于乡村学生在小学阶段不上英语课，在升入中学后，他们的英语成绩常常落后于同龄的城市学生。当听说乡村公益项目帮助的这些农村学生升入初中后，通常表现得很好时，米雯娟觉得自己更有动力了。米雯娟和VIPKID平台上的这群敬业教师觉得自己有资源和能力帮助中国农村的学生，不仅是教孩子学习英语，更是为了给他们打开一扇认知世界的窗户。

乡村公益项目的学生则期待着能和外国教师一起上课。艾米是陕西省西安市高陵区姚辉镇银汉中心小学三年级的一名学生。2018年底，艾米的班级开始参与乡村公益项目。他们上的第一堂课的主题是"How are you today?"（你今天好吗？）。在课堂上，老师凯利（Kelly）饱满的精神和似火的热情深深地打动了艾米。这些课程的内容往往设计得极为生动有趣，从而会进一步激起这些学生的学习热情。例如，艾米与班上的其他同学一起成立了一个小星星英语社区，每个星期五，他们都会聚在一起唱英文歌，表演英文戏剧，看英文卡通片。

受惠于乡村公益项目的另一名学生叫王千斤，他是甘肃省定西市陇西县的一名四年级学生。定西市是全国著名的贫困县，当地人均国内生产总值不到北京的十分之一。王千斤尽管和英语老师安（Ann）素未谋面，但他感觉自己和老师的感情越来越深。

"老师，你给我带来了快乐，而且你知识渊博。当你给我上课时，我很感动。我非常喜欢上你的课。"王千斤在给安的一封信中这样写道，"谢谢老师，谢谢你教我知识。这样做对我的意义很重大。我不知道如何表达我的感激之情，只有在纸上说谢谢你。"

正如学生热爱上他们的英语课一样，许多教师发现在乡村公益项目中从事教学工作是他们在 VIPKID 的经历中最有成就感的一部分。这些教师正在改变当地的教育面貌，并把英语课堂带进这些学校和村庄，否则这些地区的学生可能根本就没有机会接受这种教育。在乡村公益项目中从事教学工作的一个好处是：晚上教农村学校的孩子，上午给其他学生进行一对一上课，然后到了晚上，再给农村的孩子们上课。

给乡村孩子上课

2017 年，金·福特纳开始加入乡村公益项目。

"真是难以置信，"福特纳说，"你得到上课的机会及一份幻灯片。然后打开摄像头，你就看到一个坐满孩子的教室。于是你开始上课！你可能会担心课堂管理和课堂参与等问题，心想，'哎呀，我该怎么办呢？我手头只有一台小小的电脑而已'。"

但是福特纳惊讶地发现，她作为一个在美国学校常年上课的教师积累的多种课堂管理方法，在这里根本就没必要使用。这些孩子早就做好了学习准备，他们对 VIPKID 课堂极为兴奋。在这样的在线外教课上，学生的本地老师也会在场负责设备网络运转，但这些中国乡村老师和 VIPKID 老师之间通常存在语言障碍。即使中国乡村教师没有能力直接配合，但她还是把本地老师视为自己的教学伙伴。

"这些本地老师仍然有机会接触到我们的录音视频或教学资料，所以他们可以对这些材料进行审阅、反馈，"福特纳解释说，"因此，虽然我们中间隔着千山万水，但可以说仍是在互相支持。这种教学经历听起来似乎不可思议，并且在全世界也应当算是独一无二的。"

教师之间的合作有助于让教学工作顺利开展并取得理想的效果。配合福特纳上课的一位当地教师让每位学生都戴上一顶纸做的安全帽，上面印有他们的英文名字。这样，福特纳就可以很容易地熟悉和区分班上的学生。所以，尽管身在远方，但知道孩子们的名字后，她觉得自己与他们之间的距离被拉得更近了。

参与项目的中国乡村教师也已经找到许多方法来让这种远程协作更好地发挥作用。例如，一些教师给学生分组命名，比方叫作"老虎组""狮子组"，这样，VIPKID 的教师可以通过小组的名字来邀请不同的小组参加课堂活动。在乡村公益项目上课的教师非常赞赏和感激这些本地教师为促进在线课程所付出的额外努力。

金·福特纳甚至获得了一个独特的机会，亲自去见与她配合的一个农村班级的老师。2018年3月，福特纳获得机会去中国旅行。当她告诉她在农村班级的合作老师自己要去中国时，这位老师非常高兴，决定亲自去北京和她见面。福特纳也非常高兴，自己终于有机会在现实生活中见到一个在屏幕上和她合作教学并且亲密无间的同行。

她们会面时，福特纳请这位老师转交她为班级里的孩子带来的礼物。福特纳给每个孩子准备了一张明信片，上面有福特纳的家人、宠物和家庭照片，以及不同的硬币、铅笔和大头针。当老师把礼物分发给学生时，他们都非常感激和兴奋。这位老师甚至把学生打开礼物时的视频发送给了福特纳，这对福特纳来说不啻一份无价之宝。

让那些参与公益项目的VIPKID的教师感到欣慰的是，他们提供的教学服务可以帮助到那些受教育资源与机会比别人少的农村学生。总之，在这个项目中从事教学服务真的让VIPKID平台上的教师感觉自己的努力，正在给这个世界带来改变。

丽贝卡·菲尔普斯是另一位从参与乡村公益项目的经历中受益的VIPKID教师。像福特纳一样，菲尔普斯一开始也是给学生进行一对一上课。但菲尔普斯回忆起她第一次给乡村学生上课的情形时说："在上课之前，我从来没有像当时那样紧张过。我手心直冒汗，以至于我虽然紧紧地捏着教具，但我真担心它们会掉下去。不过后来，当我打开摄像头，看到那些孩子的笑容时，那种紧张的感觉一下子就不见了。我讨厌发表有偏见的观点，但这绝对是我最喜欢的工作，绝对是。"

菲尔普斯认为那段在农村课堂上的时光尤其令人欢欣鼓舞。那些农村学生所表现出来的求知欲及中国班主任的敬业精神让她特别难忘。能给一群如此激情澎湃的学生上课，一直是菲尔普斯心中的梦想。如今，她终于梦想成真，因为她已经在 5 所不同的农村学校担任教学工作。

乡村公益项目中的班级在规模上差别很大。以菲尔普斯为例，她最小的班级只有 11 名学生，而最大的班级则有 50 多名学生。菲尔普斯在上每堂课时使用的教学方法各不相同，就像她在实体教室里的情况一样。

菲尔普斯说："即使你教的是完全相同的课程，你也必须在课堂上懂得灵活变通。你必须考虑课堂的环境、上课的氛围，以及学生的反应。这些绝对能让你保持警觉，不敢掉以轻心。"

VIPKID 同时与大约 70 个慈善基金会和非政府组织合作，为该项目提供奖金，努力支持更多的学校，提高农村学校的教育质量。VIPKID 的教师对乡村公益项目也表现得热情高涨，他们甚至自己出资来帮助农村学生参加这个项目。在芝加哥的北美外教大会上，VIPKID 就曾举办了一场支持乡村公益项目的静默拍卖。通过这场拍卖，教师们将自己筹集的资金用于资助农村教育项目中的农村学校。他们对自己能为这样一个很有意义的教育项目做出贡献而心存感激。

他们来了

金·福特纳曾幸运地与一名在乡村公益项目中结识的当地老师见面。与她相比，丽贝卡·菲尔普斯则更加幸运，因为她在中国见到了自己的学生。2019年初，菲尔普斯有机会参观了她在乡村公益项目中任教的一所学校。先前经过四个学期的教学，菲尔普斯已经与班上的学生建立起牢固的友谊。并且几年以来，她一直给同一个班级上课，而2019年这些学生即将结束小学生涯。

与此同时，菲尔普斯还与这个班上的老师陈蓬珍建立了深厚的友谊，但让她意想不到的是，陈蓬珍不仅是该班的老师，还是这个学校的校长及厨师。甚至可以说，她就是学校70名孩子的保姆，因为孩子们从周一到周五都得住在学校。

"她的存在，代表了学校的一切。"菲尔普斯钦佩地说道。

在愉快地和他们接触了这么久之后，菲尔普斯很希望有一天能参观这所学校，并与班上的学生和这名可敬的中国乡村老师见面。一天，菲尔普斯突发奇想，给这名老师发了一条微信，问她对自己来学校参观有什么想法。当然，这位老师激动不已，而这更加坚定了菲尔普斯要到学校去看一看的想法。

接下来，菲尔普斯把自己想到中国走一趟的想法透露给了她的救火队员，因为这位救火队员从一开始就给她的课堂教学提供协助工作。救火队员也对她这场中国行感到兴奋，于是菲尔普斯就开始和VIPKID一起讨论这个计划。

由于该学校位于四川省蓬安县连绵起伏的大山中，所以有些后勤问题需要先行解决。比如，菲尔普斯必须弄清楚中国那边的机场在哪里，以及自己如何才能到达学校。但是他们最终还是把一切都弄得清清楚楚。经过精心安排，2019年初，菲尔普斯和她的丈夫开始了他们的这趟中国之旅。他们首先飞往北京，参观VIPKID的总部，在那里他们受到热烈的欢迎。

"能有几个VIPKID的工作人员陪我们一起去旅行，真是太不可思议了。"菲尔普斯感叹道，"这是我完全没有预料到的，即使现在，只要想到这些VIPKID的工作人员，我就禁不住热泪盈眶。但他们非常乐意这么做。他们每个人都充满了热情。"

到北京之后，菲尔普斯、她的丈夫和VIPKID团队成员一起出发，开始了他们的访问旅程。首先，他们飞往四川南充。从那里，他们坐上了一辆小公共汽车，开始向山里进发。菲尔普斯记得，当时他们并不确定这次旅行要花多长时间，也不清楚到达那里的准确路线。当他们开始上山时，小公共汽车经过了大片大片的农田。但后来，道路越来越窄，越来越颠簸，甚至到了某一个地方，道路变得实在太窄，连小公共汽车也无法通过。于是整个团队不得不弃车而行，一路走到学校。

访问团队步行大约三公里才到达学校，中途看到一些房子和在田里劳作的农民。偶尔会有一辆小型轻便摩托车从他们身边疾驰而过。最终，他们来到了学校。70个穿着羽绒夹克的孩子在楼梯上排成一行，挥舞着手中的中国国旗，在那儿齐声高喊："你好，老师！你好，老师！"

"学校的校长陈蓬珍也在那里，她向我走来。"菲尔普斯说，"我们笑着拥抱对方。这是我所经历过的最难忘的一刻。"

菲尔普斯立即感受到了这位与她在网络课堂上长期合作的老师是多么热情、多么好客。菲尔普斯给这所学校上了这么久的课，现在这所学校终于走出屏幕，融入她的现实生活中。菲尔普斯通过网络与学校的老师和学生建立起来的那种友谊，在现实生活中也表现得同样深厚、牢固。

菲尔普斯在博客中写道："终于和可爱的孩子面对面了，虽然这长时间以来，我和他们每周都要在网上见面，但我真的不敢相信自己最终能实现这个梦想。"

菲尔普斯围着学校不停地走动，想把这儿的一切都记在心中。当然，中国学生所在的农村学校与她在美国的学校差别很大。这儿没有暖气、没有空调，也没有笔记本电脑或其他教学技术。但是，菲尔普斯被浸染在学校墙壁上的颜色及画中的人们所洋溢出的快乐情绪深深吸引。

菲尔普斯和VIPKID团队在学校与孩子们待了一整天，从而让彼此之间的了解更加深入。菲尔普斯在学校为学生们上了一堂小型英语课，这是一个有趣的变化，因为先前的在线英语老师终于能在实体教室里给学生们当面讲课了。菲尔普斯六年级的 21 名学生聚在一起唱歌、朗读、练习词汇。

这次访问还为学生们带去了一些温馨感人的礼物。VIPKID 团队向学校捐赠了一些学习用品和食物。菲尔普斯和她的丈夫在从北京出发前一天的晚上去了超市,买了户外玩具、球类、呼啦圈及飞盘送给学校。菲尔普斯想给学生们带一些可以在外面玩的东西。而她和 VIPKID 团队送的礼物,也让这些生活和学习条件比较艰苦的师生十分感激。

当天最感人的场面出现了:这些学生来到菲尔普斯的面前,把自己从家里拿来的一些物品作为礼物送给她。这些礼物五花八门,应有尽有,一整只鸡、一袋大蒜、漂亮的自制插花……学生们所表现出的这种体贴和慷慨,让菲尔普斯大为感动。

"这是永远难忘的一天,"菲尔普斯说,"我送礼物给他们,他们也送礼物给我。"

学生们与菲尔普斯和 VIPKID 团队成员共进午餐,并为他们进行表演。在这所学校,学生们除了周末都住在学校。由于菲尔普斯的来访是在星期五,所以下午放学时,那些负责接孩子回家的老人也来了。这些中国老妇人满面笑容走过来的那一刻,至今仍深深地烙印在菲尔普斯的脑海里。

"我们必须步行才能来到学校,那这些学生的奶奶当然也只能一路走过来,"菲尔普斯说,"她们就站在那里。虽然走了那么远的山路,但她们每个人脸上都挂着灿烂的笑容。这所学校的孩子给我留下的全部印象就是，他们是如此快乐，如此知足，如此渴望学习。真是太了不起了。"

最近，一名 VIPKID 的工作人员给菲尔普斯发了一张她到中国蓬安上课的那间教室的照片。在照片上，你能看到教室的门。在门口，你可以看到一群成年人和更多的孩子在朝里面窥视，因为他们想知道用英语上课到底是怎么回事。学生对学习英语的兴趣是如此浓厚，这让菲尔普斯觉得自己的工作更有价值。

"你给世界带来的影响比你想象的要大得多，"菲尔普斯说，"这虽然是事实，但却真有点让人不可思议。"

第 06 章

找到更多老师

许多教师最初选择在 VIPKID 平台教课，是为了给自己多谋一条出路。也许他们想在学校之外挣些额外收入，也许他们想和自己的孩子待在家里，或者他们想一边上课一边旅行，过上更加自由灵活的生活。通常情况下，VIPKID 带来的新的教学机会和环境，可以让这些教师过上一种他们以前可望而不可即的生活。

VIPKID 平台上的教学队伍中执教两年以上的教师人数占比高达 70%，平均教学时间为 7.5 年，25% 的教师已经从事了 10~20 年的教学工作，甚至有 7% 的教师的职业生涯已经超过了 20 年。VIPKID 要求所有在平台上授课的教师都必须至少拥有学士学位，而实际上 30% 的教师拥有硕士学位，2% 的教师拥有博士学位。

VIPKID平台上相当多的教师毕业于常春藤盟校[1]。在教师团队中，排名前五的专业分别是：教育学、英语、历史、社会学和音乐。其中绝大多数教师来自得克萨斯州、佛罗里达州、佐治亚州和北卡罗来纳州。

给加入一个理由

对于金·福特纳来说，不受限制的上课地点对她很有吸引力。2015年，福特纳从芝加哥搬到佛罗里达暂时居住，她打算在那里住上不到一年的时间。然而，作为一名教师，她必须获得临时的州外教学许可证才能在佛罗里达上课。由于她只是暂住该州，所以福特纳不确定自己有无必要在这方面花费时间和精力。更糟糕的是，她搬家的时候正值一学年的中期，这使她回到课堂教学的机会变得更加渺茫。

但福特纳决心留在教育界，她打算在学校以外寻找出路，看能否找到一份合适的工作，让自己继续发挥专业特长。她拥有教育学硕士学位，并致力于从事一些能改变孩子们生活的职业。正是此时，福特纳遇到了VIPKID。

---

[1] 常春藤盟校，即 Ivy League，是由美国的七所大学和一所学院组成的一个高校联盟。它们是：宾夕法尼亚州的宾夕法尼亚大学，马萨诸塞州的哈佛大学，康涅狄格州的耶鲁大学，纽约州的哥伦比亚大学，新泽西州的普林斯顿大学，罗得岛的布朗大学，纽约州的康奈尔大学，新罕布什尔州的达特茅斯学院。在美国，常春藤学院被作为顶尖名校的代名词。——译者注

"这听起来就像做梦一样,"福特纳回忆起自己第一次听说关于VIPKID的消息时说,"因为它好得简直让人无法相信。"

从福特纳向VIPKID提出申请到现在,她已经在VIPKID平台上进行了3年的教学工作,她把自己的这段经历形容为"难以置信"。现在她已搬回芝加哥居住,并不再从事学校工作,开开心心地专注在线教学。现在,福特纳一般每天上午进行一对一教学,这大约要花6个小时。然后到了晚上,她有时会在一对多的公开课中进行教学。此外,她还负责监督、指导其他教师。

VIPKID消除了阻碍许多美国教师走向成功的干扰因素。在多数情况下,行政事务和课堂管理占据美国教师太多的时间。他们从事教学原本是为了教学生知识,但如果你经常杂务缠身,要做到这一点就太难了。然而借助VIPKID提供的教学平台给学生上课,教师们就能够专心致志地做自己真正喜欢的工作:帮助孩子们取得进步。

"我觉得在VIPKID平台上给学生上课让我找回了从事教学的快乐感觉,也消除了我在实体学校可能会经历的一些压力。"福特纳说,"它消除了教师在传统教学中面临的不同类型的压力,比如考试和改卷所带来的麻烦在这儿就不存在。由于不再受这些压力的困扰,我们就可以专注于课堂教学并设计出一些教学方式,不管它是一个很好的教具,还是可以帮助你和学生建立联系的其他什么东西。总之,我们的时间不会用于复印资料或打扫教室。"

丽贝卡·菲尔普斯也有类似的经历。她有7个孩子,最小的4个孩子是从中国收养的。在接触VIPKID之前,菲尔普斯拥有超过

25 年的儿童教学经验。此外，很多时候，她还自愿帮助一些成人和儿童学习英语。当菲尔普斯最初接触 VIPKID 平台时，她正在想方设法留在家里陪伴自己的孩子。她当时认为 VIPKID 可以带给她很好的额外收入来源，帮她积攒收养基金，但她从未想到会在此长期上课。

菲尔普斯最小的 4 个孩子身有不同的残疾，需要经常带他们就医。菲尔普斯很感激自己找到了 VIPKID，因为她现在不但仍然能够像以前一样继续上课，而且还能留在家中照顾几个孩子的生活。早上，她能够在孩子醒来之前先去上课。等她上完上午的课并关闭电脑之后，几个孩子还没吃完早餐呢！实际上，对菲尔普斯来说，在 VIPKID 平台上教学生学英语已经不仅仅是从事一份兼职工作那么简单了。她认为在课堂上和中国孩子一起学习才是"真正属于我自己的时间"。

"我的朋友们经常问我，'你太忙了，不但要带孩子去医院治疗，还要在家进行网络教学——你什么时候才会有真正属于自己的时间'？"菲尔普斯说。对此，她的回答是："真正属于我自己的时间是在凌晨时分，我向你们保证。我每天早上教中国孩子的那几个小时，是真正属于我的时间。给他们上课让我很兴奋，一想到他们，我简直在梦中都会笑出来。这样上课是能带来可观的收入，但请别误会，能够帮助乡村孩子并分享我的知识，才是其中最了不起的地方。"

对很多 VIPKID 平台上的教师而言，VIPKID 最初只是帮助教师赚取额外收入的一个平台，但随着时间的推移，它对教师所产生的意义已经不止于此。教师们成了 VIPKID 社区的成员，感受到其中的激励作用，并自觉地为公司的成功做出贡献。许多教师一开始都是在工作之余利用闲暇时间尝试一对一的在线教学，但过了一段时间，他们不但决定要留下来上更多的课程，并且还介绍其他教师加入进来。这与他们作为学校教师的经历大相径庭，因为作为学校教师的话，他们的选择通常要么是永远留在教学岗位，成为一名管理者，要么只能完全离开教育领域。

对菲尔普斯来说，拓展自己的课堂教学范围虽然要花不少时间，但这些时间花得非常有价值。起初，她要全力吸引学生来上自己的课，但很快她的课表就排满了。从那以后她的课表就一直排得满满当当，而她也非常珍惜自己上课的每一分每一秒。时至今日，菲尔普斯已经把 VIPKID 最早的一批学生教到了 L6 水平。在 VIPKID 平台上，她进行过一对一教学，也进行过公开课教学，还参加了乡村公益项目。

在 VIPKID 平台上课的几乎整整两年的时间里，菲尔普斯一直和教过的学生保持联系。她喜欢和学生发展友谊，见证他们在英语学习中的成长。

"从一开始，我就完全爱上了这些孩子。我喜欢教学，喜欢孩子，喜欢教他们英语。这就是我喜欢做的事情，"菲尔普斯说，"我喜欢 VIPKID 给我提供的拓展教学范围的机会，我也喜欢与来自世界各地的学生建立友谊。"

因为参与而信任

VIPKID极为重视教师的作用，获得教师的参与和支持对该公司的成功至关重要。鼓励教师在VIPKID平台上发挥积极作用的一种方式是让教师自愿地给公司提供反馈和改进意见，帮助VIPKID进一步完善课程体验。

"我们试图理解教师对教材内容的感受，并给他们提供自愿分享想法和经验的渠道。这种反馈能帮助我们改进或完善工作。"斯蒂芬妮·李说。

教师可能是对VIPKID产品进行反馈的最佳人选，因为他们处于VIPKID产品用户的第一线。他们有相关的背景和经验，知道什么样的教学内容更有效，什么样的教学内容没有效果，而这些反馈意见对VIPKID来说是无价之宝。即使产品在理论上看起来非常可行，但课堂教学环境却有意想不到的复杂性。

教师有多种渠道向VIPKID提供反馈意见。在非常活跃的VIPKID在线社区中，教师们经常谈论课程设置、课堂教学和平台管理问题。而VIPKID的员工在这里获得教师的反馈，并在必要的时候向个别教师直接咨询，深入了解他们的想法。

除了在网上与其他教师讨论，教师们还可以在每堂课结束时提交自己对这节课内容的反馈意见。他们可能会希望让某张课件或图像的效果更好，评论课程的流程步骤，呼吁对课堂教学的某些方面进行调整，等等。这一过程有助于VIPKID的团队制作出尽可能优秀的课程内容。教师们既是测试者，又是建设者，这让教师感到自己受到足够重视，他们对如何把课程大纲落实于课堂教学享有充分的发言权，不单单是照着课程设置的课件上课那么简单。

有时候教师们的反馈意见五花八门，比如有的教师观看《哈利·波特》电影之后受到启发，想要创建一门关于魔法科学的课程，有的教师希望实现某些技术功能……无论教师的希望、梦想或疑惑是什么，VIPKID都鼓励他们与公司分享意见和想法。

在此基础上，VIPKID还邀请了一组特约教师，让他们在VIPKID课程的开发过程中充当顾问。VIPKID将这一项目称为"建设者计划"，目的是让教研团队在充分收集这些资深教师建议的基础上，进行课程项目的构建和开发。建设者计划中的教师也可能就影响教师群体的问题提供反馈，并就如何解决这些问题提供指导建议。

VIPKID在为教师提供各种反馈机制的同时，总是鼓励他们与公司保持开放、畅通的沟通。因为VIPKID总是希望知道，教学进展是否顺利，有什么瑕疵需要修补。通过被公司邀请进行各种反馈，教师们觉得自己成了VIPKID的合作伙伴。

我给你看我的世界

VIPKID鼓励教师们为学生创作丰富的学习资料，比如原创童话故事和有声书朗读，还有自制的视频节目。

这首先从《外教带你看世界》开始，早在盖尼代表 VIPKID 录制这一系列视频之前，就有很多教师制作这一主题视频了。他们用视频的方式分享自己的生活和旅行经历，给学生提供更多关于世界各地风土人情的信息。通过允许所有教师自行创建《外教带你看世界》视频，VIPKID 能够拓宽图书馆资源，并向中国学生展示教师们的各种生活状态。

对教师来说，制作这些视频可能是他们以前从未做过的事情。但是，凭借他们在 VIPKID 平台所获得的技能和信心，许多教师乐于尝试这种类型的视频创作。他们可以通过观看其他教师的视频来获得灵感，并对自己可以在《外教带你看世界》中呈现的内容，有一个更加清晰的了解。《外教带你看世界》合集为学生提供了真实有趣的内容，同时也给教师们提供了一个展示自己的机会。

"我们想给教师更多的机会与我们分享他们的技能和生活经历，因为他们中的许多人都有丰富的教学经验。"VIPKID 的产品负责人斯蒂芬妮·李说。

疑惑：告诉我是不是在做梦

随着时间的推移，VIPKID 在北美教师群体中声名远播。而在公司成立之初，教师们大多对其持怀疑态度。当时，那些以前没有听说过 VIPKID 的北美教师，并不愿意和一家外国网络公司打交道。

"回想当年，人们认为我们是骗子，因为他们听到的是'嘿，为中国的这家公司教书吧——你只需在家上课，我们就会把钱打到你的银行账户里面。你只要把自己的护照信息给我们就行！'"VIPKID社区内容制作经理凯文·盖尼说。

而现在，教师群体对VIPKID越来越熟悉。大多数在VIPKID平台上授课的教师都是由朋友推荐来的，这使他们不至于像过去那样犹豫不决。

"我们有一个非常好的推荐机制，这极大地促进了教师队伍的成长。每个月都有超过65%的新教师来自朋友的推荐，"VIPKID的联合创始人陈媛说，"这表明教师们确实喜欢VIPKID和这个社区，所以他们才愿意将其推荐给朋友。"

VIPKID平台上现有的教师如果成功地为公司引进新的师资，他们就将获得推荐奖励。公司也鼓励教师把自己在VIPIKD的执教经验分享给别人。许多教师在网上有强大的影响力，这有助于他们发现并联系新成员，从而壮大VIPKID平台上的师资队伍。

现任教师可以解答申请教师提出的很多问题，并帮助他们完成公司的面试考核。VIPKID的教师筛选过程很有难度，但是在其他教师的指导和帮助下，新提出申请的教师在参加VIPKID面试时会享有一些优势。

在与VIPKID取得联系之后，提出申请的教师要经历复杂的面试过程，其中既包括可以在线完成的内容，也包括一些必须到现场进行考察的项目。一般来说，申请人要提交自己的基本信息以及一份体现自己教学风采的视频样本。在那之后，他们将被公司邀请去参加面试并模拟上课。在模拟课堂上，这些教师尽量展示自己的课堂教学能力。只有在模拟课堂上取得成功，才能成为 VIPKID 平台正式认证的教师，从而具有在 VIPKID 平台上课的资格。

为了建立一个强大的教师社区并对新申请的教师提供帮助，VIPKID 还设有一个"快速通道"。快速通道是 VIPKIKD 于 2017 年开发的一个项目，旨在让公司的面试过程更具明显人文特征。感兴趣的申请者可以参加速成通道的活动，不是在网上查资料，也不是在 YouTube（美国的一家视频网站）上看一些教师的讲课视频，而是亲自来见本地教练。本地教练会花上三个小时左右的时间和申请教师待在一起，给他介绍公司信息、招聘过程，以及在 VIPKID 平台上课的情况。本地教练还会分享一些教学经验来帮助申请者通过模拟讲课。

每个月的第一个星期六是"快速通道日"。目前，美国 28 个城市都会在这一天举办这一活动。每个城市的活动都有 4 名教师担任教练。仅在得克萨斯州，就有 600 名新教师通过这些快速通道日活动与 VIPKID 建立合作关系。

"当他们去参加快速通道日活动的时候，这些申请者心里会这样想，'我见过社区里的其他人。他们鼓励我加入，这说明 VIPKID 很在乎我的表现。他们将向我展示如何用自己的电脑上好在线课堂，我不想一个人在家里毫无头绪地瞎鼓捣，但我可以花四个小时来获得这方面的培训'。" VIPKID 的社区和发展负责人柯晓雯解释说。

参加快速通道日活动的申请教师已经获悉如何上好模拟课的一些技巧，所以这些申请者的准备就更加充分，可以跳过 VIPKID 的初级考察阶段，直接参加模拟课堂测试，并且更容易通过。

"快速通道日活动的收获之一是，即时反馈能对教师产生最大的帮助。"柯晓雯说，"因为他们可以很快意识到哪里出了问题，跟着就采取相应的补救措施。"

如果申请教师本人所在的城市没有提供快速通道日活动，他们可以和网络教练一起在线完成类似培训。到目前为止，已经有 10 000 多人参加了这种在线培训项目。VIPKID 团队注意到，这些申请者最终获通过的概率极高，这归功于他们能与资深教师取得联系并立即得到反馈意见。

随着快速通道日活动的引入，VIPKID 开始思考如何给新加入的教师留下深刻的第一印象。过去，当教师第一次与 VIPKID 签订合作合同时，他们只会收到一封来自总部办公室的欢迎邮件。现在，新加入的教师会收到介绍公司各种情况的一系列电子邮件。

"一个很好的例子是，2018 年 2 月，我们拍摄了一段关于教师服务团队的视频，并把它放在了新教师欢迎邮件中，"柯晓雯说，"通过这封欢迎信，每一位新教师都会知道在北京存在这样一个教师服务团队，并知道它的作用。这种一致性非常重要。"

团队还在欢迎信的每条信息中添加了反馈表。这有助于鼓励他们积极阅读这些内容。这些电子邮件很受教师们的欢迎，并且一直保持着相当高的阅读率。柯晓雯将此归因于新加入的教师渴望受到公司的欢迎和鼓励。

在分享中共同提高

在 VIPKID 的整个教学过程中，教师们不是孤立无援的，在教学的各个环节，他们都会得到教师社区的指导。

几乎每门课程都有一些导师，他们会为新获得认证或在某个课程中表现欠佳的教师举办研讨会。导师会分享一些课堂教学的优秀技巧，包括如何调动或控制课堂气氛的方法等。导师还会向教师们分享关于评估或实现不同学习效果的一些创意。教师也会乐于与导师互动，这样有助于让自己获得支持，因为他们可以从中找到可供模仿的教学方法并接受一些指导，这样就确保他们在教学过程中取得成功。

此外，还有可供新教师选择参加的研讨会。参加在线研讨会可以让教师更好地了解 VIPKID 教学过程中的不同阶段。研讨会可以围绕各种主题展开，从在线课堂的延伸到如何有效使用教具在内，可谓丰富多彩、应有尽有。目前，教师可以参加大约 60 个专题研讨会。例如金·福特纳主持的几个研讨会，就包括关于如何使用数字工具和全身反应教学法的课程。

"我们还邀请了一些华裔教师，向教师社区分享关于中国文化的知识，"福特纳说，"这样其他外教在了解学生的文化背景之后，就可以更好地与学生、家长进行沟通。"

许多研讨会的话题都是关于教师自身的。如果某个特定领域是教师们正在努力解决的，或让教师们都感兴趣的，那就可以创建一个研讨会来解决这方面的需求。教师之间相互学习是一种有效的支持模式，它能最大限度地发挥教师的潜能。

教师还可以访问一个综合性的教学资源库，他们可以随时查阅里面的内容。这些资源集中了各种不同的主题，从如何教授特定语言水平的学生和课程，到如何有效地实施全身反应教学法等各种内容。

吸引人的六苹果会员计划

VIPKID 意识到，教师们很乐于自己在 VIPKID 的工作得到人们的认可和尊重。鉴于此，VIPKID 团队推出了"六苹果会员计划"。该项目为教师提供合作产品和服务的折扣，例如聘请家政服务、购买数码产品、享受 Lingo Bus 课程、参加健身活动……

VIPKID 为教师们提供了购买很多商品和服务的折扣机会。该团队还制作了一张实体优惠卡供教师购买。有了这些实体优惠卡，教师可以在美国许多零售商店享受教师专属折扣。到目前为止，99% 订购该优惠卡的教师在第二年都会选择继续购买。教师们喜欢优惠卡所带来的折扣，但他们更喜欢卡片上所带来的认同感和集体意识。

"这张优惠卡让教师们有融入家庭的感觉，他们觉得自己是公司的一部分。也许这算不上忠诚度项目，但这至少是一个品牌推广活动。他们很自豪自己能拥有这张卡片。"VIPKID 社区和发展负责人柯晓雯评价说。

去中国旅游

很多教师因教学和中国结缘，并渴望到中国看一看。VIPKID 有时会给教师们提供去中国旅游的机会。VIPKID 每年会为 20 名教师提供到北京的免费旅行机会。这些教师有机会参观 VIPKID 的总部办公室，与团队成员互动，同时也可以借此机会与自己的学生见面。

即使没有北京之旅，也有越来越多的教师自费前往中国，也想亲眼看看 VIPKID 公司的发展情况。VIPKID 也乐于迎接这些热情的教师，为教师准备礼物和师生见面会。为了便于教师们组团来中国旅行，最近 VIPKID 团队联系了一家旅行社。为了了解教师们的积极性，VIPKID 通过邮件进行了一项调查。邮件发出后的第一周就有 250 名教师回复。目前，每年有大约 300 名教师报名自费到中国参观 VIPKID 总部。

教师与学生之间所结下的深厚文化联系，使他们愿意到中国来旅行，从而加深这种师生情谊。

第 07 章

教师们的"家"

尽管 VIPKID 课堂完全存在于网上,教师们通常都是在家里进行教学,但 VIPKID 还是投入大量的精力来确保教师们能够感受到来自公司的支持和温暖。这很有挑战性,因为 VIPKID 一对一的教学模式不需要教师之间的互动。正如教师金伯利·珀维斯(Kimberly Purvis)所说,在线教学团队面临的最大挑战在于,找不出一个休息空间可以让教师们聚在一起相互了解。

"我们大多数人每天都得朝九晚五地上班,整个基础设施也都是围绕着我们遇到的人建立的。"柯晓雯说,"我们与别人面对面地交流、互动,分享彼此的努力成果。这完全就像在饮水机旁发生的随意搭讪一样。"

但在线教师之间自然缺少这种场景。上完 25 分钟的课之后,大家各做各的,完全互不相干,教师们没有机会回顾、改进自己的工作。

在线教师之间如果缺少交流，会直接影响教师们的满意度和参与性。意识到这一点，VIPKID 开始思考如何建立一个强大的教师社区。如果教师感觉自己就是社区成员之一，那么他们就愿意挤出更多的碎片时间，选择继续留在 VIPKID 平台从事教学工作，这对公司的成长至关重要。

"我们是第一家为自己的教师建立社区的公司，"VIPKID 的联合创始人陈媛说，"这有助于教师们互相交流、分享经验。"

陈媛组建了一个完整的团队——教师社区团队，致力于让教师们感觉 VIPKID 就是一个大家庭，自己就是其中的成员，其最终目的是帮助教师建立联系。

教师社区团队为教师在产品研发和政策决策中发声。VIPKID 重视教师带来的知识和经验，经常联系教师以听取他们的意见，并不断思考如何让公司的教育产品和特色服务为教师们带来价值。

教师社区团队也负责帮助管理在线社区，并设法调动教师的积极性。当教师感到与公司有着一致的目标时，他们的满意程度和工作效率就会提高。他们与其他教师成为朋友，感觉自己是一个更大的、敬业的教师群体中的一部分。教师社区团队主要考虑三种不同类型的联系：教师与教师的联系、教师与学生的联系及教师与公司的联系。

例如，公司鼓励教师通过举行面对面的活动来建立教师与教师之间的联系，因为在活动上他们可以认识其他教师。公司鼓励教师和学生通过互赠电子卡片来建立联系。借助电子卡片，教师和学生可以在课下互相发送笔记。最后，VIPKID 通过邀请优秀外教来中国参加活动等方式，鼓励教师与公司建立联系。

教师社区团队也设法提供便利条件，帮助教师开展教学工作，使其成为当地负责人和在线指导教师。教师社区团队的重点是帮助教师更好地上课，并鼓励他们今后留在 VIPKID 平台继续从事教学工作。

整个教师成长过程的重点是进行个性化发展。所有教师都有各自不同的生活、工作目标，因此公司会认真考虑如何使他们在 VIPKID 的教学体验具有个性化，从而让教师产生成就感。VIPKID 希望教师积极参与到教师社区里来，从中了解那些可以同时惠及教师和公司的价值。

"加入一个活跃的社区，会让教师成功的感觉倍增。它可以帮助公司在拥有更少人力资源的基础上，实现更大的经营规模，并且让人感觉更真实、更确切。"VIPKID 社区和发展负责人柯晓雯说。

一场线下见面的启发

尽管教师社区非常强大，但它能发展到今天的地步并非一朝一夕之功。当柯晓雯在 2017 年来到公司时，她面临的一大挑战是证明 VIPKID 的教学理念具有可行性。在她加入公司后不久，即在 2017 年 3 月，犹他州盐湖城的一名教师通过电子邮件，邀请其他 VIPKID 教师一起吃早餐和午餐。柯晓雯知道 VIPKID 的三位联合创始人当时碰巧会来盐湖城参加一个会议，于是她就邀请三位联合创始人去给教师们一个惊喜。当柯晓雯和三位共同创始人一起现身时，约有 30 名教师在场。

"我们去了那位留言教师的家。我想就在那一刻，我们都感受到让人们聚在一起的力量。"柯晓雯说，"他们分享了自己的故事，并且在那次聚会结束后，他们介绍了更多的教师加入我们公司。在那之后，他们相互之间联系得更频繁了。"

VIPKID 联合创始人陈媛对这一刻记忆犹新。看到教师们聚在一起的情景后，她改变了对公司如何支持教师社区的看法。

"教师们见到我们真的很兴奋。我们三个也很高兴能见到这些教师，了解他们在 VIPKID 上课的故事和用户体验。我们彼此关系非常融洽，"陈媛说，"对教师来说，能和网上社区成员面对面地交流是件很好的事情。我们和柯晓雯商量后，决定要朝这个方向发展。我们应该帮助 VIPKID 的教师建立教师社区。这一刻见证了我们是如何决定开始创建教师社区的。"

2017 年 2 月下旬，脸书的创始人马克·扎克伯格宣布成立一个社区峰会。他之所以要成立峰会，是因为相信人们之间需要更多联系。VIPKID 的教师香农（Shannon）管理着当时最大的脸书群组，她申请去参加这次峰会。当获得批准后，她代表 VIPKID 参加了脸书组织的这次大型活动。对柯晓雯来说，这更让她坚信成立教师社区会有所作为。她开始思考如何让 VIPKID 的教师的经验和热情发挥更大作用。

为了向世界推介在线教育，柯晓雯决定不但要在外部的营销活动之中，而且要在 VIPKID 内部，展示更多教师的真实形象。当她初到公司时，她在 VIPKID 的社交媒体账户上看到了北京办公室和北京员工的照片，但却没有关于 VIPKID 平台上的教师的介绍。柯晓雯开始采取措施，确保 VIPKID 平台上的教师的照片在所有会议上都会被拍摄下来。当有申请教学职位的新人查看 VIPKID 社交媒体时，他会看到许多像他一样的教师正在 VIPKID 这个平台上课。

2018 年，VIPKID 成立了倡导和关怀小组。通过这个团队的工作，VIPKID 能够在教师经历重大人生变故时向他们发放数以百计的表达关怀、慰问的卡片。教师们在人生旅途上，无论在历经悲欢离合的各个阶段，都会收到这些手写的卡片。这样做让教师们感觉自己不仅是属于一个大家庭中的成员，而且是 VIPKID 社区中的一名重要成员。

北美外教大会

北美外教大会是 VIPKID 举办的大型面对面活动，它在 2018 年 3 月正式启动。250 名教师在盐湖城参加了 VIPKID 的第一次北美外教大会。像 VIPKID 的许多项目一样，举办北美外教大会的想法来自一位教师。这位教师当时想安排一个大型聚会，无论公司是否会对此提供支持。

"好吧，如果她真想这么做，我们当然要满足她的愿望，并且还要让聚会的规模办得更大一些。"柯晓雯记得自己当时是这样想的。

这位教师的想法和动机促使VIPKID举办了第一次北美外教大会。而它以前从未做过类似的事情。

2018年,VIPKID在犹他州盐湖城、得克萨斯州达拉斯和佛罗里达州奥兰多举办了三次地区级的北美外教大会,其中奥兰多市长甚至宣布将每年的9月29日定为奥兰多的"VIPKID Day"。2019年又走进伊利诺伊州芝加哥和内华达州拉斯维加斯,规模一次比一次盛大。教师们聚在一起建立联系,分享他们在VIPKID的教学经历。这些活动就像大型的专业发展会议,其中的一个目的是希望借此形成健康的团队建设。

"在北美外教大会上,我们能够进行面对面的交流。这真是太棒了,"金·福特纳说,"最终,这种活动将得到推广,因为VIPKID平台在世界各地都有教师。"

北美外教大会在VIPKID教师中极受欢迎。迄今为止,有超过2 000名教师参加了这种会议。他们喜欢面对面进行交流、深入学习。

"当我们发布关于活动消息的两个小时后,票就卖完了。这太疯狂了。"柯晓雯说。

参加北美外教大会的不仅有教师,中国的记者和公关团队也来了,他们也想与VIPKID的家长和学生分享这次精彩的活动。VIPKID的员工也喜欢参加北美外教大会,因为他们能在会上与热情洋溢的不同教师交流。

每次北美外教大会都以一位思想领袖的主旨演讲开始。截至目前，已经成功举办三次主题演讲，分别由米雯娟、美国前第一夫人劳拉·布什和芝加哥市长发表。每次会议都有一个主题，主题演讲后，教师和工作人员就带领大家对这个主题展开讨论。

"闲下来之后，教师们最喜欢和公司的员工见面。"柯晓雯说，"他们说，'我喜欢和公司的员工见面，喜欢和他们交谈，感觉自己和他们心连着心'。"

柯晓雯的团队使用网络推广分数来对北美外教大会的举办情况进行评估，得到的反馈结果非常乐观。

甚至一些VIPKID的学生也有机会参加北美外教大会。比如奥兰多的北美外教大会就是由两位VIPKID的学生充当司仪，他们是11岁的双胞胎克里斯和克劳迪娅。他们向大家隆重介绍了奥兰多市长及整个会议的议程安排。这对双胞胎甚至和他们的母亲——用户体验副总裁李颖共同主持了其中的一场会议。在这次会议上，他们向200多位教师介绍了学生和家长在VIPKID的体验情况。在主持结束后，好几位教师被这对双胞胎给迷住了，他们决定获得7级认证（克劳迪娅和克里斯在VIPKID目前所处的级别），这样就有机会给这对双胞胎上课了。

这里是"胡同"社区

虽然教师可能只有偶尔参加北美外教大会的机会，但他们可以彼此经常进行在线协作。教师们有多种在线互动方式,包括名为"胡同"的 VIPKID 讨论板、Skype 及脸书群组。

"有这样的空间让我们相互了解,这很有趣。我第一次在 VIPKID 上课时,就发现向有经验的教师学习,会对自己很有帮助。从实体教室到在线教室的过渡如此之大,这让我有点害怕,"丽贝卡·菲尔普斯说,"所以,对我来说,聆听前人的经验,甚至听听那些敢于分享失败经历的教师讲述他们的遭遇,都具有无比重要的价值。"

VIPKID 社区的不同子群体甚至形成了规模更小,但关系更密切的组织。例如,针对乡村公益项目及上公开课的教师,公司专门成立了脸书和 Skype 小组,通过这些小组,教师能够从具有类似经历的同行那里获得更专业的支持。

尽管 VIPKID 的第一位教师马德里·罗斯拉不再进行课堂教学,而转向教研岗位,但她有时心情不好的时候,会偷偷溜进教师论坛。在论坛上,教师们会分享学生们所说的一些趣事,讲述自己的奋斗史,展示学生送给他们的礼物,基本上会谈论任何与 VIPKID 相关的事情。

"有时候阅读教师们的故事感觉真酷,"罗斯拉说,"有很多充满正能量的反馈意见和奋斗事迹。教师们真的形成了一个自己的社区。"

社区团队努力让"胡同"发展成为一个积极向上的社区。尽管它确实希望教师能够分享各种反馈信息,但它也希望尽可能让社区对教师们有所帮助。

那么在表达积极情绪方面出现的这些变化，到底是由哪些因素促成的呢？要让表达积极情绪的在线评论所占比例提高，其实是一项棘手的任务。要达到这一效果的最佳方式是全面提升教师的快乐感。当教师感到公司支持自己并愿意倾听自己的意见时，他们才可能会在"胡同"里分享那些积极经历。

"社区团队真的起了很大作用，因为他们每个人都对社区非常了解，"柯晓雯说，"他们明白自己在社区的职责。当有人做了好事，就像在教室里给学生上课奖励一样，社区也会奖励他们。"

柯晓雯说："教师社区显示出单靠我们自己无法具备的那种力量，同时这也表明，利用好社区实际上能够增强教师的积极情绪。"

当我们面对面

在盐湖城首次举办北美外教大会之后，陈媛和柯晓雯与教师社区团队合作，开始增加教师面对面交流的机会。

"教师位于世界各地，他们中可能会有人感到孤独无助，"陈媛说，"但是在面对面的会议上，他们可以见到自己的朋友，增进了解，分享彼此的故事。"

VIPKID 每个月都会举行 100 场地区级的面对面活动，让教师们有机会聚在一起分享他们上课的经历。

"我们的面对面活动就是一种聚会，在会上我们可以做各种事情，从吃比萨到交换教具都可以，"金·福特纳说，她在芝加哥主持每月一次的面对面活动，"在交换教具的时候，你可以把你在教室里用过的教具和别人进行交换。如果你的一只玩具小狗已经用了两年，那么你可以用它换一件新的教具在课堂上使用。"

教师社区努力使这些活动对教师产生帮助。例如，春节期间许多中国家庭会走亲访友，这意味着VIPKID教师的课可能会比平时减少。在此期间，许多面对面活动的组织者会将地点安排在中餐馆。2018年2月，各地教师在中餐馆举行了100场各式各样的活动。他们在一起包饺子，这样既可以享受美食，又可以学习中国文化。

组织者在堪萨斯城举办的一次面对面活动上，甚至邀请专家和名人来向教师讲述更多关于中国文化的知识。TEDx[1]的演讲人尼克·王（Nick Wang）分享了他在中国的成长经历，一位来自泰国教育学院的助理教授和一位从事亚洲研究的副院长也分别回忆了自己的故事。所有这些活动都是由教师们自费组织的，并没有花公司的一分钱。

这些面对面活动不仅是他们提升专业知识的一种方式，也为他们提供了一个与真正"了解"VIPKID工作方式的教师当面交流的机会。这样，教师们既可以向其他教师请教诸如全身反应教学法之

---

[1] TED（Technology，Entertainment，Design在英语中的缩写，即技术、娱乐、设计）是美国的一家私有非营利机构，该机构以它组织的TED大会著称，这个会议的宗旨是"传播一切值得传播的创意"。TEDx是由TED于2009年推出的一个项目，旨在鼓励各地的TED粉丝自发组织TED风格的活动。——编者注

类的事情，又可以分享中国文化。

"我们可以离开网络世界，离开总部办公室，在现实生活中相互见面。我们可以谈论所有关于 VIPKID 的事情，因为最终你会发觉我们就像来自一个大家庭。"金·福特纳说。

我做的事情好像不是工作

当教师们来参加金·福特纳主持的面对面活动时，她总是喜欢问他们最初是如何知道 VIPKID 的，其中最常见的方式是口口相传。大多数 VIPKID 教师是通过别人的推荐才来到公司的，这样可以确保他们在加入公司时至少有一个熟人知晓内情。

福特纳最初是通过谷歌找到 VIPKID 的。起初，她认为这样的消息并不可靠，因为它所提供的机会好得令人无法相信。但在过去的几年里，福特纳看到教师们对 VIPKID 越来越信任。

"几年前，不管我遇到什么样的人，他们都会问我，'你在做什么？你为谁工作？'"福特纳说，"但现在，你遇到的人总是会认识某个共同的朋友或邻居，比如认识你牙医的子女，或者认识别的什么人。拥有这样的联系真是太好了。我们的时代发展得太快了。"

只要教师在 VIPKID 上课，公司对他们的这些支持措施就会一直持续下去。教师经常通过社交媒体、各种脸书群组及面对面活动进行交流互动。但是教师们另一个非常实际的互助方法是伸出援手，互相代课。无论是在一对一还是一对多课堂都会发生这种情况。

"如果别人有事耽搁,你主动担当替补,那么你就有机会结识一群新的孩子,并获得到一所新学校上课的那种感觉。"福特纳说,"这真的很好,因为我们的教师社区中不乏这样的热心人。我们可以用这种方式互相支持,从而确保课堂上总会有一位教师。"

身为教师兼模拟课导师的金·福特纳最初加入 VIPKID 时的主要担忧之一是她会没有足够的社交机会。但让福特纳惊喜的是,在 VIPKID 的 4 年里,她结交了来自世界各地的朋友,并且见到了其他模拟课导师。此外,无论在网络世界还是在现实生活中,她都与其他教师建立了联系。

"我甚至不愿意把自己所做的事情称为工作,"福特纳说,"因为我能够与其他教师交流,并帮助学生取得进步。"

第 08 章

跨洋纽带

无论教师还是学生,都重视通过 VIPKID 建立彼此之间的文化联系。当学生学习词汇及与美国文化相关的附带语言时,文化联系也能促进他们的英语学习。

VIPKID 的课程为儿童和教师分享彼此的文化创造了机会。师生之间有很多机会分享文化,比如通过开展关于节假日的主题课程。近年来,许多教师开始给学生介绍感恩节,甚至在上课时用南瓜饼等真正的节日食物作为教具。万圣节前夕,很多教师会把自己打扮成加勒比海盗或者超级英雄,给学生们一个惊喜,一些中国学生也穿着奇装异服,为教师展示自己制作的南瓜灯。通过开展这样的课程,学生和教师有很多机会分享和学习彼此的文化。

VIPKID 的两位学生克劳迪娅和克里斯对了解美国节日特别感兴趣。他们重视学习美国人可能庆祝的各个冬季节日,例如圣诞节、光明节和匡扎节。而学生们也不仅仅是希望学习外国的文化——他们也喜欢向外国老师分享中国的文化，介绍中国的传统风俗和节日。

克劳迪娅说："我越来越了解美国文化，也越来越认同我们自己的文化。"

像克劳迪娅和克里斯一样，丽贝卡·菲尔普斯的学生也对了解美国生活很感兴趣。学生们经常向她咨询关于洛杉矶、好莱坞和纽约等方面的问题。菲尔普斯住在俄勒冈州的波特兰市，在课堂上，她喜欢展示她家乡周围的地理环境，比如瀑布、山脉和积雪……

你若不走出自己的家乡，整日生活在熟悉的文化氛围里面，就很难意识到它具有的个性化特征。与来自不同文化背景的教师交流，则让学生有机会更好地了解自己的文化和环境，因为他们会将自己的经历与老师的经历进行对比研究。

对教师而言，建立这些文化联系也大有裨益。比如金·福特纳就感觉，自己在VIPKID与中国学生一起上课时，整个世界好像变得更小了。她上午9点给中国四川乡村的学生上课，然后飞往芝加哥还赶得上吃晚饭。这让她觉得自己与整个世界紧紧联系在一起。

"现在我觉得我在中国有家人了，"福特纳说，"我亲眼见证我的学生艾米的妹妹长大——她现在有两岁了。我知道这些中国家人的生日，而他们也知道我的生日及我的宠物的名字。我真的感觉自己在世界各地都有家人。"

师生之间能感受到这些全球联系具有的深远意义。对丽贝卡·菲尔普斯来说，这种联系特别具体、特别亲密。菲尔普斯已经从中国收养了 4 个孩子，因此更多地了解中国文化，并与中国家庭建立联系显得尤为珍贵。她已经了解到中国学生各种各样的日常生活方式，包括他们在学校上课所发生的情况，以及他们随家人旅游去过的地方。反过来，更多地了解中国人的生活也能帮助菲尔普斯与自己领养的中国孩子建立情感联系。她也能够把学到的知识传授给自己领养的孩子，帮助他们更多地了解自己的祖国。

"能够在如此遥远的地方与中国建立这种联系，真是太棒了。"菲尔普斯说，"我喜欢中国，我的家人也喜欢中国还有那里的人。能够与中国孩子和他们的家人建立联系，对我来说是一大幸事，而能够真正更好地了解中国，对我来说更是一大幸事。"

中国学生在学习中所表现出的刻苦精神给菲尔普斯留下深刻印象，也让她进一步了解到教育在中国的重要性。看到她的学生在 25 分钟的课堂上勤奋学习，菲尔普斯深受鼓舞。得知这些学生在学习上所付出的艰辛努力之后，菲尔普斯觉得自己必须尽全力帮助他们取得成功。菲尔普斯的不少学生正在学习许多不同领域的知识，并努力培养他们在不同领域的能力。例如，她有一个 6 岁的学生正在学习钢琴。最近这名学生还给菲尔普斯弹奏了一首曲子。当她演奏时，菲尔普斯就坐在屏幕的另一边倾听，脸上带着灿烂的笑容，对她的音乐才能大为赞赏。

"我的教室兼办公室里有一张地图，有时我就只是坐在这里看着中国。"菲尔普斯说，"有了 VIPKID，我感觉中国并不是那么遥远，相反，中国对我和我的家人来说，意味着整个世界。"

VIPKID 的创始人米雯娟虽然从未低估过师生关系的力量，但即使是她，也对这些网络互动会变得如此有意义、如此神奇而感到惊讶。

"这种联系的紧密程度超出了我的想象。"米雯娟说。

第 09 章

Lingo Bus——大家都在学中国话

VIPKID 在北美外教一对一教授英语方面取得巨大的成功，验证了 VIPKID 在线学习平台和完全沉浸式的语言学习方法行之有效，于是他们也想知道：同样的这套模式能用来教全世界的儿童学中文吗？而且米雯娟也一直希望能构建一个可以覆盖全世界的云端教室。于是他们就决定继续探索，打造一个新的教育品牌"Lingo Bus"，让中国最好的中文老师教全世界的孩子说中文。

Lingo Bus 虽然于 2017 年才正式推出，然而到了 2019 年，已拥有来自 104 个国家和地区的超过 20 000 名注册学员。它是第一家提供全沉浸式中文教学的在线教育机构。由于中国在全球范围的影响力不断增强，因此，越来越多的外国人希望学习中文、了解中国文化，Lingo Bus 的未来发展不可限量。

目前很多 VIPKID 的教师同时也是 Lingo Bus 的用户家长，因为这些教师比其他家长更加了解在线教育的神奇之处。除了北美，

Lingo Bus 在欧洲、南美、印度、日本等地区都有大量的用户。

　　Lingo Bus 的运行模式与 VIPKID 非常相似，也是面向 5~12 岁的儿童，让他们在舒适的家庭环境中在线学习语言，只不过学习的是中文。当家长给孩子报名参加 Lingo Bus 的学习时，他们可以先预约一节课试听，体验在线中文学习课堂。然后，孩子们会根据各自语言水平安排学习不同级别的课程，以便更有针对性地学习汉语。从第一节课开始，Lingo Bus 就采取完全沉浸的教学方式来学习中文。结合互动课件，教师会使用丰富的表情和肢体动作，帮助学生理解学习内容。丰富的道具和精美的汉字卡，在激励学生学习中文时具有不可思议的作用。

　　为了满足海外华人家庭学习中文的需要，Lingo Bus 推出了另一套课程——针对在海外长大的华裔儿童的中国语言文化课。在北美有很多这样的孩子，他们经常在家里说中文，有一定的中文听说基础，比起其他完全不懂中文的外国孩子，他们更需要读和写方面的训练。这些家庭普遍有更强烈的学习意愿，许多父母为孩子报名参加中文课，希望孩子通过学习中文，去了解自己的文化背景，切身感受中国文化的魅力。

　　苏海峰是 Lingo Bus 的总经理。在来公司之前，他曾做过多年的中文老师，之后加入在线教育的创业大潮中，是最早的一批在线教育的开拓者。和他预想的一样，现在的 Lingo Bus 吸引了这么多学生的加入，这是任何一所线下中文学校都无法比拟的。实体学校只能容纳数量有限的学生，但在线教育是一座没有边界的课堂，

Lingo Bus 能容纳的学生数量超乎想象。

"这太令人兴奋了,"苏海峰说,"有了高质量的课堂教学和课程设置,我们应该努力提高效率,帮助更多的儿童。"

Lingo Bus 在设置课程时将重点放在吸引学生的兴趣、调动他们的积极性上。比如在学习汉字时,学习资料里会有与课程配套的汉字卡片,帮助学生把汉字的结构和音、义结合起来进行学习。据苏海峰回忆,他小时候学习汉字的方式是机械重复地一遍又一遍书写同一个汉字。但他发现这样做的效果很差,因为他不理解汉字的意思,也不明白为什么要这样书写。

"在 Lingo Bus,学生们通过分解结构学习汉字。"苏海峰解释了公司的教学方法与他以前在学校所用的教学方法之间的区别,"学生们会了解汉字的内部结构,以及汉字的构字规则。这样他们就会更容易记住这些汉字了。"

学习汉字经常让中文学习者备受挫折。杜聪是 Lingo Bus 的一位老师,她给一个住在欧洲的 4 岁华裔女孩上课。女孩的妈妈坚持认为自己的女儿只需要掌握听说技能就行了,没有必要学会读写汉字。但杜聪坚持不懈,努力说服这位妈妈和孩子相信学习汉字是一件很有趣而且可以做到的事情。她使用各种方法,例如结合动作、图片和故事,让孩子了解汉字的结构和意义。她还让这个女孩在上课的时候,通过玩汉字游戏来学习汉字。

正如 VIPKID 的课程设计考虑了美国共同核心州立标准一样,Lingo Bus 课程在设计时也参考了各种标准和教学模式。Lingo

Bus 的课程依照 21 世纪世界语言技能（the 21st Century Skills for World Languages）设计，同时覆盖美国外语教学委员会（ACTFL：American Council on the Teaching of Foreign Language）、中小学生汉语考试（the Youth Chinese Test），以及欧洲共同语言参考标准和汉语水平考试（HSK）的标准，以确保学生的中文学习成果能够获得更多机构的认可。

在 Lingo Bus 平台上课的老师像在 VIPKID 平台上课的老师一样，对这里的教学体验非常满意。刘美怡是第一位在 Lingo Bus 上课的老师。在来 Lingo Bus 任教之前，刘老师曾教授成年人学习中文。在过去的传统教学环境中，刘老师一度感觉自己职业发展陷入困境。作为一名中文教师，她当时看到自己只有一条职业出路，那就是成为一名大学中文教师。因此，当 Lingo Bus 出现时，她很高兴自己有了传统课堂之外的职业选择机会。

"通过互联网，我们可以与世界相连。"刘老师说，"Lingo Bus 正在帮助老师们找到其他的教学出路。"

Lingo Bus 帮助教师专注于教学中最重要的方面：让学生取得进步。Lingo Bus 将教师从传统教学模式下烦琐的批改作业和阅卷工作中解脱出来，为教师提供高质量的课程内容和教学流程指导。教师可以把精力完全投入 25 分钟的教学当中。每节课结束后，教师需要给家长写一份反馈报告，告诉家长孩子当节课的学习情况，以及家长应如何帮助孩子更好地学习，即使家长不会中文，他们也可以看懂教师的反馈，并根据教师的指导试着去帮助自己的孩子。

教师们还要接受必要的培训，便于他们顺利地使用 Lingo Bus 平台进一步提升教学水平。为了满足教师的需要，Lingo Bus 会定期举办研讨会，讨论教学法、教学技巧等相关主题。教师服务平台和资源中心可以为中文教师提供教学资源和支持。

Lingo Bus 正在吸引中国最优秀的中文教师加入。苏海峰说，很多教师对这个教学平台表现出极大的热情。每天都有大批对教授中文和中国文化感兴趣的教师申请加入，其中大多数教师都在中国，也有一些教师在其他国家。但是 Lingo Bus 也有一套严格的选择标准：教师必须全部具备本科及以上学历，来自对外汉语、汉语国际教育、汉语言文学等相关语言学、教育学专业，并且拥有普通话二级甲等或以上证书。与此同时，所有的教师都必须具有至少一年少儿中文教学经验。在这些严格标准下，教师的录取率低于 4%。

Lingo Bus 团队鼓励教师之间进行合作。这些教师经常在微信群和钉钉群里讨论如何改进教学方法，就 Lingo Bus 的课程给出反馈意见。教师们在 Lingo Bus 上课期间互相支持和鼓励。

"我们是一个大家庭。"苏海峰说。

招生可能有点难度，但是像 VIPKID 一样，Lingo Bus 在很大程度上依赖于用户之间的推荐。如果学生和家长喜欢 Lingo Bus，他们会因为将其介绍给自己的朋友而得到奖励。Lingo Bus 还到世界各地参加活动，帮助更多人了解 Lingo Bus 和它的教学模式。Lingo Bus 还在寻找更多的全球合作伙伴，将这个消息传播给更多的学生和家庭。

这些在屏幕上形成的文化联系，会给现实世界带来深远的影响。例如，Lingo Bus 有一名学生叫芬（Finley），有一次，她的学校转来了一名中国学生。新生是一名来自郑州的 11 岁女孩，她在开学前一周刚刚被美国家庭收养。芬兴奋地使用她在 Lingo Bus 课堂上学过的所有中文知识（例如"上面"和"下面"），问新来的女孩如何区分硬币的正面和背面。新来的女孩听到熟悉的中文很兴奋，她开心地笑了。很快她们就成了朋友，在教室里玩硬币游戏。正因为芬在 Lingo Bus 学中文，所以她才能够和这名新来的中国女孩交流，并让她感受到友好。她做了很多努力，帮助她的中国朋友在新社区更受欢迎。

Lingo Bus 的学生渐渐明白，如果他们学习并掌握中文，这会成为他们在未来的一项巨大优势。学生们同时也对中国文化充满好奇和向往。

"现在我对中国的春节极有兴趣。我认为，我们学习他们的语言文化，他们也学习我们的语言文化，这是一种很好的现象，"Lingo Bus 的一名学生伊丽莎白（Elizabeth）这样说道，"我们应该学习更多关于中国的知识，而其他国家也应该学习更多关于美国的知识。你知道的，也许情况会这样：如果所有国家都能互相学习，那我们每个人都会相处得更好。"

课堂教学有时会以一种令人意想不到的方式建立文化联系。有一次，Lingo Bus 的老师杜聪在一堂关于中国春节的课堂上给一个来自菲律宾的 8 岁男孩展示中国的红包，结果却勾起小男孩对自己祖父的回忆。

原来这个男孩的祖父是中国人。红包让这个男孩回忆起他的祖父母曾经给他发红包的情景。

"当时我很感动。一个红色的'小信封'唤起了他对自己家人的回忆,"杜聪说,"我听了他的故事,觉得很温暖。虽然我们住在不同的国家,但我能了解他的感受。"

Lingo Bus 的学生也有机会成为连接中西方文化交流的桥梁。在课堂教学中,了解中国文化也是中文教学的目的之一,中国传统、文学和建筑,都是不可或缺的"文化点"。

有一次,Lingo Bus 为学生们举办了一场背诵中国诗歌的视频活动。参与者中有一个年轻的学生,他和大约 10 位家庭成员一起站在摄像头前,背诵了初唐诗人骆宾王的五言古诗《咏鹅》。这种类型的活动为创建文化联系提供了更多的机会。

了解到该平台的强大功能后,3 000 多名 VIPKID 的教师已经为他们自己的孩子报名参加了 Lingo Bus 的中文课程。当这些 VIPKID 的老师教中国孩子英语时,他们自己的孩子也在 Lingo Bus 学中文。苏海峰希望这种文化交流造就出下一代全球领袖和世界大使。

VIPKID 面向北美教师推出的"六苹果会员计划"能为他们的孩子学习 Lingo Bus 课程提供折扣。海蒂·德马里奥(Heidi Demaio)是一名在 VIPKID 平台上课的老师,她就让自己的儿子报名参加了 Lingo Bus 的中文课程学习。

"我希望我的儿子在一对一的环境中学习中文。我已经了解它是我在 VIPKID 平台给中国孩子上课的一个神奇工具,现在我也希望自己的儿子享用同样的教学工具。"海蒂说道,"在 Lingo Bus 上课,师生之间的交互方式最有意思了。他们能够听到彼此说话的声音,也能使用与此相应的其他媒体手段。这两种教学方式居然能同时使用,并且还配合得那么好。"

海蒂的儿子期待着在 Lingo Bus 上课,他总是想知道自己的下一节课什么时候才可以上。在 Lingo Bus 上课带来的一个额外好处是海蒂能够陪自己的儿子一起学习。通过和他坐在一起上 Lingo Bus 的课程,然后和他练习中文,海蒂已经学会了一些中文。这反过来能帮助她与 VIPKID 的学生建立更牢固的联系。

Lingo Bus 计划在未来增加注册人数并扩大服务范围。尽管他们现在关注的是一些发达国家,但苏海峰也希望他们能够为发展中国家的孩子创造更多学习中文的机会。也许有一天,Lingo Bus 会提供类似于 VIPKID 乡村公益项目之类的方式,在全球践行自己的企业社会责任。

目前,苏海峰正在为推广 Lingo Bus 忙得不可开交,但他却乐此不疲。当人们问苏海峰在经营 Lingo Bus 的过程中最享受哪些方面时,他用三个词语总结了自己的感受:激情、关爱和满足。

第 10 章

未来，让世界成为一个大课堂

VIPKID 的愿景是成为全球 K12 在线教育的领导者。它正在沿着这条道路稳步前进，同时心怀未来。如今，公司的联合创始人陈媛被委以重任，她要找出方法，让 VIPKID 充分发挥平台优势，为用户提供更多个性化的在线课程。

陈媛说："总有一天，不管孩子们想学习什么内容，他们都可以在 VIPKID 上找到适合他的课程。"

青少儿英语学习是一个很好的切入点，但 VIPKID 也在考虑要扩展到更多学科领域，覆盖更多年龄阶段，并且加快国际化的脚步。作为拓展的第一步，VIPKID 选择了韩国市场。它最近在韩国开设了一个办公室，尝试向韩国学生提供 VIPKID 的英语课程。

尽管在另一个国家教英语比用另一门语言开始一个全新的课程更容易，但要在另一个国家赢得家长的信任，肯定需要做出一些调整和适应。

"现在 VIPKID 正在向其他国家扩展，我觉得这很有意思，"VIPKID 的社区内容制作经理凯文·盖尼说，"但这也意味着我们所有的教材需要重新编写。我们以前教材中的很多内容都是以中国为中心的，所以现在需要做出调整并适应在韩国教学的情况。"

尽管 VIPKID 正在考虑扩大发展规模，但它也在专注于不断改善现有的产品。盖尼对公司当前阶段的发展任务用一句话简短地进行了总结："做得更好。"VIPKID 目前专注于充分利用自己已经取得的成果，并在所有业务领域进行深入改进和完善。

VIPKID 的不同团队有不同的职责，因此，它们对于公司如何发展也有不同的想法。尽管想法多种多样，但它们都有一个共同的目标，那就是让 VIPKID 为教师、学生和家长带去尽可能多的收获。

柯晓雯一直在思考如何支持和发展 VIPKID 的教师团队。作为公司的下一步举措，她正在考虑创建成员之间更亲密的教师社区，让教师有机会彼此建立更深入的联系。她也正在考虑鼓励教师创建一些小组，可以定期碰面，讨论在 VIPKID 的工作和生活状况。

在说到这些教师小组时，柯晓雯认为："如果小组中有人打算离开，其他成员都会聚集过来，就像在说'不要走。我们是一个圈子。我们要在一起。我们是朋友'。"

柯晓雯还在考虑如何让 VIPKID 在中国和美国创建的社区充分发挥作用。对此，她正在酝酿一个有趣的计划，就是把这些团队组织起来参加一次全球性的互动。这甚至可能会打破世界纪录，从而把 VIPKID 团队载入吉尼斯世界纪录！

虽然不同的团队都在考虑如何改进和完善公司，但许多大的战略规划也已经形成。

"我们的使命是提供世界上最好的K12教育。"马德里·罗斯拉说。

创始人米雯娟对此表示赞同。她认为，个性化在线教学是未来教育的发展方向，她希望所有学生都有机会享受其中的便利。

"这个世界应该更紧密地联系在一起，"米雯娟说，"我们需要让教师、学生和家长一起努力。迎接这一挑战，对未来世界的创新发展至关重要。"

传统教育几千年来一直保持不变，但互联网为其迎来了一个快速创新的时期。一个新的教育时代即将到来，像VIPKID这样的公司为全球教学带来了新的技术和方法。这种教学模式具有深远意义，能够让人们产生文化意识并和平相处。

在这方面，VIPKID具有独特优势，因为它已经拥有极其成功的教学平台、专业的教师队伍以及优良的扩展能力。它正在彻底改变网络教育的面貌，在师生之间建立知识和文化联系。然而，它所掀起的这场教育改革才刚刚起步。

"VIPKID正在为这种独特而新颖的教育方式铺平道路，"金·福特纳对此充满赞誉之词，"而这种教育方式正在改变整个世界。"

第 11 章

这里的老师不一样

为什么我选择 VIPKID：争做教育改革的弄潮儿

- 严氏（NGHIEM THI）

严氏的本科专业是自然科学，后来他又到一家医学院进修两年，获得美国马萨诸塞州公共卫生系统颁发的硕士学位。他曾担任转介项目的营销顾问，并在近 10 年的时间里，作为外籍青少年的家庭教师，帮助他们学习大学预修课程及准备国际高中毕业考试。严氏掌握 5 种语言，游历过 20 多个国家，现在他是 VIPKID 平台上的英语教师——并通过了 TESOL-VIPKID 的基础和高级课程认证。

在 VIPKID 的教学中，我好像在经历不同的旅程：

旅程 1：加入在线英语教学改革

首先，我想说 VIPKID 为我提供了一个了解未来教育的全新视角，因为它同时涵盖了诸多因素，其中就包括文化、教学方法及其交互式课堂技术。像阳光般灿烂金黄的恐龙徽标体现了我们希望世界的少儿能够拥有的所有美好特征，未来一代能够在积极的教学环境中不断激发出自己的好奇心，并对学习产生巨大的热情，这一期盼终将实现。

旅程 2：作为科技游民而远程工作

我喜欢享受漫游世界的自由，VIPKID 为我作为科技游民四处旅行提供了稳定的额外收入，让我可以灵活地在世界的任何地方利用闲暇时光教授英语，这样我就能不断地自我提升和完善，从而在处理生活事务以及时间管理方面更专注、更有条理。VIPKID 本身就是一个基于互联网云概念的创造性工具，我可以在去亚洲旅行的过程中随时打开它，轻触指尖就能进行教学。当我从一个国家旅游到另一个国家时，我可以把任何一个有稳定无线网络信号的地方变成我上课的教室，并使用 Manycam[①] 提供的背景虚拟出一个绿色屏幕。此外最为重要的是，它让我大开眼界，不但让我了解到中国学生和他们家人的日常生活状态，而且还让我和他们建立了深厚的友谊。

[①] Manycam 是一种摄像头视频特效软件。——译者注

旅程 3：和其他 VIPKID 教师建立友情

教师社区在许多社交媒体上都有着广泛而积极的外联或支持渠道，其中就包括 Youtube、推特、领英（LinkedIn）和照片墙（Instagram）。我通过 Youtube 从 VIPKID 品牌大使那里在线学习全身反应教学法。这套方法激发出我的创造能力：通过不断的即兴表演、唱唱跳跳、注重说话语调、简化口语词汇并放慢说话语速，产生清晰的语音语调，这样我就能让课堂的气氛变得更加活跃。

旅程 4：对英语水平不同的学生因材施教

我很喜欢和学生一起学习，感受他们对英语学习的极大热情，这在一对一的教学过程中能培养出师生之间的融洽关系，并激发出一些很有意思的对话。一些和我感情很深的学生，是在我踏上 VIPKID 之旅伊始——也就是我和 VIPKID 签订第一份授课合同的时候——就和我成了要好的朋友。现在我的第二份合同也快到期了，而且我在自己的学生中赢得了一个超级粉丝，他每天都订我的课，还逗我大笑。但我喜欢的一些学生在英语口语能力上差别很大，他们的口语能力级别，从 Pre–VIP（最初级）到 L7 Plus 都有。我注重在教学中培养学生的情商，因此我的课堂主要围绕积极倾听、自我意识以及同理心来建立健康良好的师生关系，同时给他们分享他人学习英语的成功经验。根据学生不同的学习情况，我有针对性地教学，让他们能够获得进步。

旅程 5：用有趣的电子道具或奖品吸引年龄很小的学生

大多数上 L2 试读班的学生年龄都很小，他们虽然一般都有中英文名字，但在开始上课时往往羞于自我介绍，但在 25 分钟的一对一课程结束时，他们已经能借助我提供的电子道具重复一些简单的发音，并且信心倍增。我喜欢看到他们在获得电子奖励时，脸上露出的无比欣喜的表情！

我有一个学生中文名叫馨儿，英文名是苏菲娅（Sophia），她在体验了课堂教学效果之后，就经常订我的课，是我最喜欢的学生之一！她最初上课时还需要她的妈妈在旁边陪着，但过了一阵子，她就能在我播放的英语音乐视频的伴奏下，兴奋地独立演唱歌曲，而这是我在每堂课结束时才给她提供的最后奖励。苏菲娅也喜欢我在课堂上给她提供的公主图像作为奖励。此外，如果她能告诉我她获得了多少奖励或者那些公主穿了什么颜色的衣服，我还会额外奖励她一些电子贴纸或电子动画。

我在 L2 班上的交流一般都非常有趣，因为学生们经常带着自己的玩具来上课，从而形成他们自己特有的肢体动作，并且他们往往需要在上课期间获得很多奖励才能集中注意力——尤其是在多次纠正单词发音和语音语调的时候。

我还有一个非常好动的男学生，叫大卫（Davy），他喜欢在我们上 L2 课时跳啊玩啊，或是写写画画。我播放每张课件都需要对他进行新的奖励。有时我们会在每张课件上拉弓射箭、发出怪声，或者哈哈大笑，或者拖长声音唱出词汇！其他时候他也需要不断获得奖励，比如，获得一张有趣的电子贴纸之后，他才可能有耐心把念错的单词重复几次正确的发音。有一次，他拿出一个手拿香蕉的猴子玩具，最后我们在课堂上竟然模仿吃电子香蕉，以此作为对他的奖励。当他想给我展示他的玩具车时，我会在电脑中找出一张汽车的图片作为奖励，我们用图片一起模仿汽车疾驰的动作和声音，这样他的目光就不会离开上课的屏幕。

旅程6：通过与高年级学生分享文化经验来建立融洽关系

通常从L4开始，学生们就可以在更私人的层面与我建立起融洽的师生关系，尤其是在我们整个课堂的自由交谈期间，情况更是如此。他们喜欢告诉我更多关于他们的生活情况、兴趣爱好和饮食习惯。

我有一个极具天赋的上L4班的学生，她告诉我她妈妈就是一名英语老师，而她也渴望长大后能当英语老师。她多次告诉我英语是她在学校最喜欢的科目。每次在做介绍的时候，她都兴奋地和我分享她一天的学习生活情况。她是我教过的学生中课前准备做得最充分的，她经常在课堂上做笔记，并且为了争取能有更多的自由交谈时间，她会提出很有深度的问题，而这些问题已经超出了课堂作业的覆盖范围。记得有一次在课堂上，我们谈到迪士尼乐园，并将加利福尼亚的迪士尼乐园和上海的迪士尼乐园进行了比较。学到数学部分时,她忘记了"qu-"的发音,念错了"equal"(等于)这个单词,于是我就从白雪公主的电子道具中拿出她已经熟悉的"queen"(王后)的图片,她立刻就能将图片和自己刚才的错误发音联系起来,不但当场纠正了自己的错误,而且在我们以后的课堂上,她也从未忘记。

最让我高兴的是见证自己学生的成长过程。如果我发觉自己的学生由于所上的内容过于简单而感到厌倦,那我就认为有必要将课堂内容提升到下一级水平。在这种情况下,我会联系家长,告诉他们得重新考虑一下,让孩子提升到下一个级别,这样对学生才更有挑战性。

凯文(Kevin)是我很喜欢的高级别学生之一。对他来说,大多数L6课堂的内容显得过于单调、简单了,所以他往往会对每段文字一扫而过,有时会跳过具体的单词,常常不能理解新出现的词汇的意思。因此,为了让他在课堂上集中注意力,我经常列举各种例子,并结合电子道具,尽量多提一些发人深省的问题,从而让他主动学习,而不是被动学习或机械记忆。例如,有一次他把单词"sage"(睿智的)读错了,忘记了其中还有一个没有发音的"3",并且,我问他该单词的意思时,他也不知道,所以我拿出《星球大战》中的恐龙模型来纠正他的发音,并把单词的定义与像Jedi(《星球大战》中的绝地武士)一样睿智的人物联系起来。我相信这种教学方法有助于扩大凯文的写作和口语词汇量,从而让他今后能最大限度地适应说英语的环境。后来,他的父母根据我提出的建议,让他升到了 L7 Plus。

旅程 7：前进——一种新的全球技术

自从在 VIPKID 平台上课以来，我就知道这种新面世的在线教育行业，最终还会涌现出一些前所未有的工作机会。我还相信，我现在所教的这些年轻学生已经对未来科技发展有了更多的认识，他们将充分利用这些互联网平台，以快速发掘自己的学习潜力。富含创意的想法将成为他们成功的筹码，并激发出他们的创新精神。我教这些学生英语的初衷是要在他们心中播下一粒全球化意识的种子，从而让他们将来能够做到：文化包容、宽容、和平，以及了解到英语的重要性。我希望这些认知能让他们更勇敢地公开表达自己的观点，并在课堂之外利用他们所掌握的知识来创造积极的社会变革。

我相信 VIPKID 将继续克服重重教育障碍，打破层层技术壁垒，进一步凸显它在这个数字时代的重要性，并最终改变学习英语的学生及包括像我这样的千禧一代科技游民在内的英语教师的整体面貌。在此我想再次强调的是，在 VIPKID，我每天都感觉自己既是老师又是学生，能参加这场具有开创性意义的教育革命让我备感荣幸。

乡村教育和我的 VIPKID 之旅

■ 杰西卡（Jeccica He）

杰西卡曾就读于南京大学，现与她的中国丈夫住在云南省大理州剑川县。在那里，她加入了 VIPKID 的乡村公益项目，从而开始了一段有意义、充满爱的人生之旅。

当我坐在云南省大理州最南端的剑川县的一个小旅馆里时，我记得妈妈曾面带微笑地看着我，问道："你小时候有没有想过自己有一天会在这里度过一生？"我发自内心地脱口而出："我从未想过有一天我会来这里生活。命运的安排真的不可思议！"这段对话发生在我的大喜之日，那天我幸运地成了何严聪的新娘。当时他正在赶来接我的路上，要带我去我们的新家并开始我俩的新生活。

我在中国的新家位于剑川县一个风景秀丽的小镇上。虽然这个地方离丽江和大理的旅游中心只有几个小时的路程，但它给我的感觉却完全不同。2015 年春节，我第一次到严聪的老家过年。这是我第一次走了这么远来到中国的一个乡镇，但我立刻就爱上了这儿。我爱上了这儿的新鲜空气，以及每天早晨阳光照在稻田上闪耀的光。我爱吃婆婆自制的火腿汤，也喜欢看人们赶着山羊在村里进进出出时，山羊蹦蹦跳跳的样子。最重要的是，我喜欢周围那些勤劳聪明、善良淳朴的邻居，他们总是热情好客、乐于助人，常常向我敞开心扉，帮助我更多地了解中国文化。

而我的丈夫就是从小在这样一个环境里长大的。有一次，他告诉我，在他小时候，这里来了一个很想了解他们家乡的外国人，但让他深感沮丧的是，他们根本就听不懂老外叽里咕噜在说什么，因此也就无法回答他所提的那些问题。当时婆婆就告诉他，如果他将来努力学习英语，总有一天他不但可以听懂老外的话，而且还可以去国外看看。于是他就开始努力学习英语，结果他成为本地第一个考上大学的山里娃，也是本地第一个出国打工的穷学生，此外他还是本地第一个娶了外国媳妇的中国男人！看到英语不但帮老公在他的家乡，也助他在外面更大的世界实现了梦想，我觉得自己的人生使命就是为乡村学生提供更方便的教育机会。

我其实一直都热爱教学工作。早在大学时代，我就曾尽可能寻找各种机会来中国教书。我在南京大学学习的时候，就在南京的一些小学做志愿者。后来在昆明学院学习的时候，我曾到英语角帮别人练习口语。我甚至在上海的一所外语学校做了一个暑期的实习生，具体工作是到不同的农村学校去做志愿者。我本能地觉得，如果自己能和充满激情的孩子待在一起，帮助他们成长并让他们在学习中找到乐趣，这本身就是一件奇妙的事情。当学生们认为自己不喜欢学习的时候，如果我能够巧妙地说服他们，让他们真正感受到学习的快乐，那我就能获得双倍的快乐了！我对教书育人情有独钟，但我发现鱼与熊掌不可兼得，一个美国家庭和一个中国家庭束缚了我的手脚，让我难以有机会在学校里谋求一份教学职位。

为了两全其美，我在 2016 年加入 VIPKID，成了一名在线教育老师。这样我既能与青少年学生打交道，帮助他们激发语言灵感，又不会错失我与自己所爱的任何一个家庭团聚的机会。我对VIPKID致力于使用一种同时从中国和国外的教学实践中汲取灵感的整体教育模式深感兴趣，因为这能最大限度地利用每种模式的优点，从而为学生提供引人入胜的课程内容和学习体验。每天，当我登录课堂见到学生们一张张可爱的面孔时，我都能深深感受到教学的乐趣。

所以，当我第一次听说乡村公益项目时，我马上意识到这就是我想参与的那种工作。因为这为我提供了一种机会，让我能把自己的时间、激情和精力回馈给我如此热爱的乡村地区。我记得当自己把这项新计划告诉丈夫时，他的第一反应是："太棒了！你知道吗，如果我小时候也有这样的教育项目，那我的人生将会与现在有多么的不同？"于是我立即递交了申请书。让我欣喜若狂的是，在第二学期我就获准加入了乡村公益项目。

不过在加入乡村公益项目之后的第一个学期，我只能给一个班的学生上课。当我打开摄像头，看到30多名学生明亮而热切的眼睛同时望着自己时，我的兴奋之情真是难以言表。我努力设计一些小组游戏，好让学生参与课堂活动。此外我也制作教学道具和物品来进行课堂演示，并在一周的教学过程中反复练习，这样我就可以清晰地把课堂内容呈现在学生面前了。虽然每堂课都有很多工作要做，但是我却乐在其中，并感觉从事教学活动是如此自然和简单。

然而在第二学期，VIPKID乡村公益项目的负责团队联系我，希望我能在一个学期中同时负责 3 个班级的教学工作，这让我有些紧张。因为每个班级都处于不同的英语水平，各自开设了不同的课程。在给我的电子邮件中，乡村公益项目负责团队解释说，这一请求是当地老师直接提出来的，因为她通过 VIPKID 打听到我就住在大理。而鼠街小学就在大理附近，因此他们想让我参与其中的教学工作。于是我与当地教师和乡村公益项目的专职人员密切合作，安排了自己的上课日程。我承担了鼠街小学三、四、五年级的英语教学任务。很快我就和学生打成一片。我的课堂充满活力、目标明确，并且每位学生都刻苦勤奋。

不过，我得承认，那学期之所以取得如此好的成绩，大部分都要归功于我和本校老师米娅之间的合作，归功于她的无私奉献。我经常在微信上与米娅老师交谈，讨论我要如何改进课堂教学质量，或者我希望学生们能把注意力放在什么地方。每次下课之后，米娅都和上这门课程的学生一起认真练习唱歌，并尽力掌握所有的伴唱手势。她甚至帮助学生练习我们第一节课结束时一起唱的那首《再见之歌》。一天，在我关闭电脑之前，她让我稍做等待，这样孩子们不但可以为我唱这首歌，同时还能表演各种伴唱手势！想象一下，我当时是何等惊讶！孩子们学习如此勤奋、米娅如此敬业，这让我无比兴奋，我感动得几乎泪流满面。米娅每天都到学校和这些学生待在一起，想尽办法，努力让课堂变得生动、有趣、积极互动。她真是一个很棒的搭档。

事实上，在那学期快结束时，邀请我去参观鼠街小学的就是米娅。但为了给学生们一个惊喜，我们想暂时不公布该计划。那学期快结束时，我开始看日历，看看自己什么时候可以参观学校。我先给米娅发了一条信息，然后她在回复中告诉我，他们第二天要在学校举行一场诗歌比赛，如果我那时去看望这些学生，肯定会让他们乐翻天。第二天正好我没课，虽然时间上仓促了一点，但我觉得它是一个绝佳的访问时间。

那天上午，我还要给自己所带的班级上课。出乎意料的是，我发现 VIPKID 团队的一些成员也坐在学生们的教室里。学生们像往常一样朝气蓬勃，我们像平时上课那样一起唱歌，一起跳舞，学习新的课程。下课后，我退出在线教室，立刻跳进自己的车里。该动身了！从大理的公寓出发，我和丈夫连续开了几个小时的车，周围景色疾驰而过，我觉得自己像在空中飘浮一样。我终于可以见到那些和我一起学习了整整一个学期的可爱学生了，可以和他们每个人见面了！

当我到达学校时，诗歌朗诵会才刚刚开始。我记得当时一个个小脑袋涟漪似的向我转过来。每个鲜活的面孔都洋溢着无法抑制的兴奋之情，他们异口同声地轻轻叫道，"杰西卡老师"，并悄悄地向我挥手，以免影响台上进行的朗诵比赛。我静静地坐下来，听着鼠街小学的每位学生和每个班级朗诵他们准备的诗歌。我曾经也给其他地方的一些学生上过课，但从未见过一群学生能像他们这样，学习起来如此投入、如此勤奋、如此积极。它再次让我想起了自己作为一名教育者的使命：尽最大努力成为最好的老师，这样我就能激励和引导我的每位学生,让他们像我热爱教学一样热爱自己的学习。

当学校老师介绍我时,我激动地走上讲台。此时所有的学生都在尖叫,齐声大喊"杰西卡老师"。听到他们热烈的喊声,我的心都快融化了。有些人可能认为我们的关系之所以牢固,是因为我的学生非常珍惜我们在一起的上课时间,但事实上,我们彼此都非常重视对方。当时,我向他们介绍自己及我的丈夫,并向全校讲述了自己能与他们一起工作,令我感到非常幸运,也让我学会谦卑。这次参观是我走出教室的机会,因为我可以告诉我的学生,我多么希望他们能追随自己的梦想去学习自己感兴趣的东西,去探索他们周围的世界。并且我希望他们永远不要满足于已有的期望,而是要翱翔在他们周围的群山之上,勇敢地去追寻自己心中的梦想。

然后,真正的乐趣开始了。在片刻的课间休息时间,学生们全都涌到教室,我完全淹没在由拍照、拥抱和鲜花组成的海洋里面。最后,我怀里抱着这么多鲜花,实在太重了,以至于我的丈夫不得不出手相助,帮我拿了一些才行。因为学生们得到我要来的消息,他们就赶在上学之前,从自己家里采摘了一些鲜花,作为礼物送给我。就像家乡剑川的人们欢迎我并向我敞开他们的家门一样,我的学生也希望以这种方式,把我和他们的日常生活以及家庭联系起来。这让我感动极了。于是我把许多鲜花都进行了压制处理,并一直保存到今天。当学生把鲜花递给我时,我会把他们拉过来拍照,因为我想记住他们每一个人的面孔和他们送给我的漂亮礼物。

在我参观鼠街小学的时候，我在我所带的三个班的教室里进行课堂练习，向他们提问并展示答案，进行面对面的交流。我们，作为老师和学生，终于能够在没有屏幕阻隔的情况下相互交流了，他们走过来，给我留下小纸条以及他们为我画的图画。他们中的许多人已经在这些作品中试着使用我们在课堂上一起学习的英语表达自己，这令我十分感动。

还是要分别了，因为我们开车回家的路程很远，而学生们也要回去继续学习。后来，我记得在附近的一个小镇上，我一边和丈夫吃晚饭，一边读学生们给我留下的每一张纸条。当时我就这样坐在餐厅的角落里翻看一堆五颜六色的小纸条，我相信自己看起来肯定傻兮兮的。但阅读着学生们努力想表达出的所有思想和感情，却是我一生中最开心的时刻之一。

那学期剩下的日子飞逝而过，快得让我来不及记录。在最后一堂课上，学生们每人都准备了一首我教了整整一学期的歌曲。他们边唱边跳，向我展示他们所学到的一切。每个小组都制作了一张海报来展示他们的每位成员，他们还站在教室前面挨个进行自我介绍，并练习他们所学的英语。那些海报太有创意了！一些人把自己描绘成公主或巫师，另一些人则在一起堆雪人。更令人感动的是，学生们把我也画进了图画里。这也从一个侧面表明，在他们心里，我是他们生活中不可分割的一部分，就像他们对我也同样不可分割一样。

其中我最喜欢的一张图画描绘的是唯一一个男女生比例失衡的

课堂小组。这个小组只有一个叫安吉拉（Angela）的女生，其他都是男生。安吉拉在整个学期都和她的小组一起努力学习，她表现突出，敢于在全班同学面前发言。在他们制作的海报上，所有男生都穿着普通，只有安吉拉和我站在最前面，打扮成公主的模样。以前我只看到她整个学期都用英语表达自己，现在看到她也能通过艺术表达自己，真是让我太高兴了！

  尽管那个学期很快结束了，但这些学生仍留在我的心里。与我在乡村公益项目里分配的每个学生——包括对我而言非常特别的鼠街小学学生——一起学习，正是我一直渴望的工作机会，因为这可以让我通过帮助农村孩子的学习来促进他们所在地区的发展。毕竟，儿童是国家的未来，通过集中精力激励和引导未来的这代人，我们可以建设一个更强大的世界。我从未想过，自己通过与乡村公益项目的合作，能够如此强烈地影响那么多人的生活，也从未想到自己的学生会激励我作为一名教师继续前进，并将自己推向新的极限。所以，当我在大婚之日，坐在那儿等着和现在的丈夫拜堂成亲时，母亲这样问我："你有没有想过自己有一天会在这里度过一生？"我迎着她的目光，脸上露出微笑，因为我想到鼠街小学的学生和我所遇到的其他农村学生。我想到了这些学生通过他们个人的不懈努力和语言学习可能达到的所有令人惊奇的境界，而这些境界连他们自己现在可能都还无法想象。因此，我微笑着对母亲说："我从未想过有一天我会来这里生活。命运的安排真的不可思议！"

从热爱学习到热爱教育——我的人生转折之旅

■ 安妮·厄尔布尔·托德（Annie Elble Todt）

安妮·厄尔布尔·托德，住在埃斯瓦蒂尼王国①，获得生物医学工程学士学位、高中教学证书、全球公共卫生硕士学位和营养科学博士学位。在美国，她在一所非传统性的高中（alternative high school）教书，给贫困的黑人和西班牙裔学生上课。由于埃斯瓦蒂尼王国是世界上HIV/AIDS（艾滋病病毒和艾滋病）暴发率最高的国家，她因此而创办了一个非营利组织"赋予希望，战胜贫困"（Give Hope，Fight Poverty，网址：www.ifightpoverty.org）。下面是她和VIPKID之间的故事。

我非常幸运，在成长过程中一直有机会获得教育。我妈妈具有西班牙的教育硕士学位，而我爸爸则具有医学博士学位，所以教育在我家一直是优先考虑的事情。我自己也获得了生物医学工程学士学位、高中教学证书、全球公共卫生硕士学位，以及营养科学博士学位。即使在获得这些学位和证书之后，我还是会通过各个大学提供的网络课程继续学习。我热爱学习，而这种热爱自然会转变为一

---

① 埃斯瓦蒂尼王国，即以前的斯威士兰王国（The Kingdom of Swaziland），简称斯威士兰，官方2018年4月宣布将国名由 The Kingdom of Swaziland 更改为 The Kingdom of eSwatini。它是位于非洲东南部的内陆国家，北、西、南三面为南非所环抱，东与莫桑比克为邻。地处南非高原东南边缘德拉肯斯山脉的东坡。——译者注

种对教育事业的热爱。我在一个富裕的家庭环境中长大，所以在很小的时候，我没有意识到并不是每个人都能得到同样的教育机会。直到我在研究生院，我才真正深刻地领悟到这一点。

作为一名研究生，我生活在世界上艾滋病毒感染率和艾滋病发病率最高的埃斯瓦蒂尼王国。我曾遇到因疾病暴发而失去父母的幼小孤儿。由于我们国家的孤儿院数量不够，孤儿只能寄宿在儿童户主家庭里，而那儿的环境非常糟糕，通常遍地泥泞，对孩子的教育往往是棍棒交加……这种状况亟待解决。那里的孩子经常缺乏食物、水源、合适的住所、厕所和医疗保健条件。最严重的是，他们无法上学，因为在埃斯瓦蒂尼王国，即使是公共教育也不免费。就连上小学，通常也需要缴纳100美元去购买校服和鞋子。而上中学的学费和校服费用通常在450美元左右。对于没有收入的儿童户主家庭，学校教育永远是它们负担不起的奢侈品。

一天，我参观了一所乡村学校。我看见孩子们坐在他们学校唯有的一间教室的外面。我本人是美国的一名老师，当时我以为这些学生是因为调皮捣蛋而被老师撵出来的。然而，当我问班主任时，才得知这些孩子是当地的孤儿，他们只是无力支付学费而已。所以，他们每天都会去学校，试图透过教室敞开的门窗偷偷学习。那一刻，我感觉自己的心都碎了。这些孩子渴望接受教育，但其家庭经济却无法满足他们的愿望。

为此我创办了一个非营利组织"赋予希望，战胜贫困"，为艾滋病家庭的孤儿提供免费的学前、小学、中学和大学教育。一开始，我们只给孩子们提供校服和学费。但这些学生们并非总能最终通过课程考试。然后我们开始调查造成他们学习障碍的原因，这才了解到他们经常因饮水不洁或传染源而生病。而女孩们在经期也没有卫生巾等卫生用品。并且他们上学期间还得忍饥挨饿。这样一来，要确保孩子们完成学业，我们的援助项目就不能仅仅是给他们提供奖学金那样简单了。于是，我们开始用水泥给他们建造房屋和厕所，确保他们获得饮水和食物，并为他们提供医疗保健和心理辅导。感谢捐助者对我们项目的慷慨解囊，我们每年才能够接纳更多的孤儿！我做这项工作已经有十多年，在此期间，这些孩子就像家人一样，和我建立了深厚的友谊。我爱他们，全心全意、毫无保留。

正如你所能想象的那样，由于做慈善事业，我需要经常去埃斯瓦蒂尼王国的各地举办活动。最初，我在科罗拉多州丹佛市的一所实体学校教书，并在学校放假期间去埃斯瓦蒂尼王国募捐。但是，当我们的慈善组织收容了更多的孤儿后，我就得更频繁地到埃斯瓦蒂尼王国四处奔走。我急于为慈善事业多做一些贡献，但什么样的工作能给我提供灵活的时间安排，让我能一边工作，一边继续在埃斯瓦蒂尼王国为那些孤儿奔走呢？后来，我在脸书上偶然发现了VIPKID。

说心里话，我非常感谢VIPKID，它不但让我可以继续进行慈善活动，继续经常到埃斯瓦蒂尼王国这个小国四处活动，而且让我有机会教那些学习极为勤奋、成绩优秀的中国孩子，还能赚取收入补贴家用。今天是我加入 VIPKID 教育平台的第 578 天，也是我给第 185 个学生上课的日子。我喜欢早上一醒来，打开电脑，就能看到学生带着微笑、充满渴望的面孔！课堂上洋溢着的欢乐气氛和朗朗笑声陪伴着我，甚至照亮了我走在人生低谷的那些最黑暗的日子。

在生活中，我祖母和我的关系非常亲密。因此在祖父去世后，我就和她住在一起，这样她就不会感到孤单了。然而，去年我的祖母也去世了。在参加她葬礼的那天，我打算取消上午的课程。但是后来，我在课程表上看到那天要上课的是蒂娜（Tina），我意识到如果这样突然停课，会让自己今后良心不安，于是我比平常提前一会儿打开电脑的摄像头，而蒂娜已经在那里等着上课了，她迫不及待地向我展示一些她新买的玩具。蒂娜的笑声富有感染力，仿佛任何事情都能让她笑个不停。立刻，我也被她逗笑了。下课时，我感觉自己的脸颊由于长时间微笑而有些隐隐作痛，祖母逝去的伤痛也缓和了不少。

但有时，我们的话题又非常严肃。我很喜欢和 VIPKID 的孩子谈论自己在埃斯瓦蒂尼王国的工作。我告诉他们这个国家在地图上的什么地方，那里的医疗保健十分落后，人们的生活也极为贫困。比如今天早上，我就和桑妮（Sunny）一起讨论了我在埃斯瓦蒂尼王国的工作情况。我告诉她我要去那里工作，帮助无家可归的孩子们，但是我不在的时候会想念她。真的，当我在非洲的时候，我想念我在 VIPKID 的所有学生！

VIPKID 的存在，不仅仅是帮助学生完善他们的英语技能。这是一种通过网络摄像头建立起来的联系，将分布在世界各地的两个人的心，紧紧地绑在了一起。我爱我的学生。我喜欢了解他们以及他们家人的情况。我喜欢在他们取得成功、过生日或生命中出现其他重要事件的时候，为其欢呼、庆祝。昨天我就和杰森谈起他最喜欢的一项活动：钓鱼！他告诉我如何在鱼线上用大米当诱饵来钓鱼。这太有趣了！让我也好想自己能和他以及他的爷爷一起去钓鱼啊！

　　网络教育是未来的发展趋势。我喜欢鼓励学生提高他们的英语能力。通过 VIPKID 和 Lingo Bus，世界各地的儿童能够找到学习的机会，这实在是奇妙无比！此外同样奇妙的是，一对一的教育不仅能让你学习语言知识，还能让你了解到学生所在地的文化和家庭生活的细节信息。我喜欢这种教育带来的回报，但这不仅仅是因为从中获得的收入能让我继续从事慈善活动，尽管劳有所得的感觉也非常棒。我每天最开心的是一觉醒来就能见到自己的学生。我感谢 VIPKID。我很感激我过去和现在的 VIPKID 学生，是你们让我成为一名更合格的老师，一个更优秀的人。我爱你们！谢谢！

信仰的力量

■ 罗伊纳·格西克（Rowena Gesick）

作为一名母亲、妻子和教师，我很自豪。我很幸运地曾在世界上一些最美丽的地方生活过，其中包括德国，菲律宾，美国的夏威夷、拉斯维加斯、佐治亚和弗吉尼亚。在世界上不同的地方成长和生活的经历，让我拥有了体验其他文化的丰富经历，同时也让我认识了一些令人惊奇的人。我认为这可以让一个英语教师受益匪浅。过去20年来，我一直住在弗吉尼亚州的沿海地区，享受着作为一个爱运动的母亲、妻子和教师的生活。我喜欢写作和旅行，也喜欢户外活动、烹饪，尤其喜欢看着自己的孩子运动或者做他们感兴趣的事情。

我有一个女儿，她在与癫痫勇敢地抗争，身为她的母亲，我也一直在大力疾呼，希望唤醒公众对癫痫病的认识并重视对癫痫患者的教育。

我的家庭是由我和丈夫、两个孩子以及两只德国牧羊犬组成的。他们是我的灵感源泉，并让我以自己身为母亲而深感自豪。

在很小的时候，我就希望自己从事教育事业。我之所以有这个理想，是受一件改变人类历史的事件的影响。记得当时我还在上小学。美国的挑战者号航天飞机在佛罗里达发射升空不久后就失事了，7名勇敢的宇航员因此失去了宝贵的生命。其中的一位非凡的宇航员可能是第一位进入太空的老师，她是一位女性，她的雄心壮志和勇敢的精神让整个世界都深受鼓舞。就在那时，我知道自己将来要当一名教师。我曾把自己的理想告诉姐姐，因为她一直都是我最坚定的支持者。然而，我的姐姐在几年前因乳腺癌去世。但是，我知道她在天堂将和我们的父亲——一名有着超过35年职业经验的教育家——一起，继续为我踏上寻梦之旅而加油呐喊。我知道，如今我有幸得到这个机会，如果他俩在天上有知，也一定会为我感到由衷的高兴。

2015年，我最小的女儿被诊断患有癫痫病。她第一次癫痫发作时才7岁。那一刻永远改变了我们后来的生活。我们知道前面的路并不好走。我丈夫和我从未让孩子感受到我们的恐惧、迷茫或忧虑。那时我回想起了自己的姐姐，以及她与乳腺癌做斗争的故事。我甚至偶尔会从女儿的眼睛里看见她的身影。虽然只是孩子的一双眼睛，但却充满斗志和决心。

在我女儿确诊时，我正在本地的一所高中教学。我同时还参加全日制学习，原本计划继续攻读硕士学位。但我只能先暂时搁置这个愿望，选择休探亲假。我知道在我女儿和家人未来的人生之路上，我还需要腾出更多的时间来预约医生、看门诊、进行实验检测、与她的医疗和教育团队多次会面……

给女儿治病的第一年，是我们所经历的最困难的时期。女儿饱受癫痫的折磨，但她根本不知道该如何去应付癫痫的突然袭击，她因此饱受折磨。看到自己的孩子，平时那么聪明智慧、意志坚强，现在却会在没有丝毫征兆的情况下犯病，真是令人心碎。作为一名教师,特别是作为一名母亲,女儿的病情总是沉甸甸地压在我的心头,让我感觉喘不过气来。但是,当你的孩子拒绝向疾病低头,顽强地与病魔做斗争时,她表现出来的惊人的力量、意志和决心,会让你发觉自己很难选择放弃。玛雅·安吉罗[①](Maya Angelou)曾经写道:"你可能会遭遇很多失败,但你不能被它们打败。"我也经常借此告诫自己的两个孩子,要对生活拥有这种坚定的态度。

在接下来的两年里,时间几乎都花在预约医生、等候医生的随时探访、进行大量的医疗检查、接听学校护士打来的电话上……很多时候,我们都在想为什么生活会发生如此意想不到的巨大变故。又过了两年,我的理想面临着生活带来的巨大考验。在这两年里,由于癫痫和药物的副作用,我女儿在学习和运动上还得继续苦苦挣扎。但是,她选择勇敢地与病魔作战,在众人的关注中实现自己的目标。她继续踢足球、打篮球,不管身体有多痛,不管有多疲惫,她都勇往直前。女儿表现出的力量和决心,让我无比自豪。

屋漏偏逢连夜雨,在此期间,我的大女儿,那个在中学田径运动中表现出色的孩子,却在田径赛季的中期出现了脚痛症状。这种症状影响到她的体育水平,我们被告知她可能无法再跑步了。但经过与两位医生好几个月的通力合作以及随后6个月的物理治疗,她

---

① 玛雅·安吉罗(1928—2014),美国黑人作家、诗人、剧作家、编辑、演员、导演和教师。在贫民窟长大的安吉罗当过厨师、电车售票员、女招待和舞蹈演员,随后的几十年她成为一位成功的歌手、演员、剧作家和导演,广泛涉足戏剧、电影、音乐等领域,同时还是一位活跃的人权作家,一位非凡的女性。2011年获美国"总统自由勋章"。代表作品:《我知道笼中鸟为何歌唱》《以我之名相聚》《非凡女人》。

得以恢复，能够再次参加足球和田径比赛。记得在六年级的某个时候，我曾问她："如果你在比赛中摔倒了，你会怎么做？"她这样回答我："妈妈，我会站起来继续跑。"从那一刻起，这句话就成了我们家的座右铭。在困难时期，我们相依为命，用这句话来彼此鼓励。

我最终辞去了学校的教职工作，并暂停进修硕士学位，因为我的主要精力，无论是过去还是现在，都只能放在家庭上。我失去教学工作所带来的收入后，家庭经济大受影响。然而，我们知道自己所做的牺牲不是用经济或金钱就可以衡量的。我们坚信情况会好转。2017 年夏，我发现了 VIPKID，或者说 VIPKID 发现了我。2017 年 12 月，我签了第一份合同，上了在 VIPKID 的第一堂课。

就像我和家人所遭遇的那些挑战一样，在 VIPKID 上课开始也算得上是一种挑战，上课的模式和听课的学生，都是陌生的。但我相信这将是一种特别的经历，会很有意思。我知道，自己要在 VIPKID 平台上打下一个坚实的基础，就必须更加努力才行。为此我参加了更多的研讨会，在网上找到更多 VIPKID 的老师的授课视频，也加入了 VIPKID 的在线社区。在这之后，订我课的学生人数开始增加。当我努力去考取托福初级证书时，有一位老师非常看好我，对我大加鼓励。我知道获得那份证书对我而言意义重大。托福初级证书的考试很难，我在最终通过它之前，考了好几次都宣告失败。这虽然令人沮丧，但是那个老师不允许我就此放弃。我们先前是陌生人，通过 VIPKID 平台和在线社区才互相认识，这真是难能可贵，尤其是在网上，居然有人对自己进行这样的支持和鼓励。因此我对她永远心怀感激。她继续对我寄予厚望，并帮助我和他人进一步提升。

到了2018年6月，我开始与VIPKID签订第二份合同。那个夏天所发生的一切真的对我的进步产生了巨大的影响。我不但获得了教授更多级别课程的认证资格，而且我在上辅导班方面也获得了证书。这一切都得归功于VIPKID的在线社区。其中的托福初级证书尤其具有重要价值。

在教学的过程中，我遇到了一个非常特别的学生，他就是来自中国南京的博比（Bobby）。他是一个很特别的男孩，发自内心地热爱学习。在第一堂托福初级班上，他就给我留下了这样的印象。与他谈论他一天所经历的事情、他的兴趣爱好和他的家庭背景等，对我们来说，都显得很自然、很轻松。我至今仍记得他的父母给我的第一个反馈内容，说他们非常感谢我对他们的儿子的生活的关注，以及对他们来说，能够让自己的儿子练习英语会话是多么重要。我们从托福初级课程开始，当时每周只上一次课，最后过渡到主修课程，现在他每周都要和我学习两次。

托福初级课程也让我发现了另一个优秀的学生茱莉（Julie）。在第一堂课上，她告诉我她会演奏一种弦乐器，但不知道它在英语中的名字。她向我展示了这件乐器，然后我研究很久后发现，这种乐器叫古筝。下一节课我们将要结束时，她突然说，"老师，等一下"。她转动摄像头，给我看她的那张古筝。我知道她想为我弹奏一曲，因为我们还有一点时间，于是我就请她表演。她脸上的陶醉表情和她的演奏手法看起来如此迷人，让我为之倾倒。这段经历我将永生难忘。另一件令人难忘的事情是我发现博比和茱莉实际上早就相识！原来，他们都住在南京，曾一起上学。我是他们共同的老师，而他们又互相认识，这是多么特别、多么奇妙的一件事情啊！

博比一直是个好学生，他也把其他学生介绍给我。其中有一个特别的学生，叫托尼（Tony），我有幸给他上了几个月的课。他告诉我他住在南京，我就向他提到我在南京也有几个学生。令我惊讶的是，他马上问道："是博比吗？"他的妈妈接着告诉我，是博比的妈妈向她推荐了我。我高兴极了！这种特殊的网上联系还在继续发展。一个叫雪莉（Shirley）的新生，也说她认识博比和托尼。然后她母亲给我看了他们三个在一起拍的照片。我非常惊讶也非常感激，因为这些联系都源于我去年夏天努力获得了一张托福初级证书，加之有一位同事真诚地相信我会取得成功。这些网上结识的友谊，让我深受鼓舞，也备感幸运。

2018年12月，我有幸与VIPKID签订了第三份合同。当时我激动万分。我的一切希望和努力，不就是为了成为VIPKID的教师，给学生上课吗？所以我激动之情溢于言表。我一直知道我喜欢教学，并且我也知道在教学中要展示出这种热情。这是我和VIPKID签订的第三份合同，这样我就有机会从事心仪的教育事业，去教世界上最优秀、最有抱负、拥有明亮眼睛的可爱孩子了。

在生活中，可以说VIPKID是我和家人的救星。不仅我们的经济状况得到了很大提升，而且我们的整体精神和理想信念仍然保持完整。我的两个女儿成长良好，表现也很出色。大女儿的脚伤已经好转，继续在足球和田径方面表现得出类拔萃。2019年3月，她在纽约市参加了新平衡全国室内运动（the New Balance Indoor Nationals）的比赛。最近，她还参加了著名的宾夕法尼亚大学全美接力赛（Penn Relays）。许多大学开始注意到她的不俗表现。于是我变成了一个自豪的爱运动的妈妈。但我的小女儿每天还在继续与癫痫做斗争。她已经知道自己是一名与病魔做斗争的勇士。我的两个孩子都明白VIPKID给我带来的好处，因为它让我能全身心照顾家人。我之所以现在能在家乡参与并见证家人的重大活动，是因为我享有根据自身情况安排上课时间的自由。这样我既能在经济上帮我的丈夫排忧解难，又能支持我的孩子去实现自己的目标和愿望。

总之，我很幸运，VIPKID给我提供了机会，让我能追求自己的梦想，释放当老师的激情。无论是在中国还是在美国，有如此多的人信任我，选择我提供的教学服务。我被学生们深深激励，钦佩他们敢于学习一门新语言的意志和勇气；我被我的同事们所鼓舞，他们传播了如此多的快乐，并且他们真心希望通过自己的信仰做出努力，让这个世界变得更美好。

读者可以在YouTube上找到罗伊纳女儿的故事，题目是《我女儿与癫痫病的抗争》（*My Epilepsy Hero campaign*，网址：https://youtu.be/QEqlk7kd4PU）。

辗转、爱情和 VIPKID

■ 凯瑟琳·施密特（Kathleen Schmidt）

凯瑟琳·施密特，简称凯西，出生于南非，并且在随家人移民美国之前的成长岁月里，一直住在那里。在过去的 20 年里，这位 41 岁的教师已经获得了环境教育学学士学位，在该领域拥有超过 6 年的教学经验，并在首尔花了 3 年时间来教授韩国 K12 学生学习英语。此外，她还去过 70 多个国家，积累了各方面的丰富经验。比如，她曾在其他国家教授英语，在泰国做潜水教练，在亚马孙流域的国家做志愿者，甚至具有在邮轮上工作的经历。2016 年 5 月，凯西遇到了她的丈夫，一位来自北马其顿的男人，然后他们搬到了北马其顿，并在那儿开始了她与 VIPKID 之间的故事。

这是一个关于旅行和发现的故事，但最重要的是，它还是一个关于爱情的故事。这种爱情不仅把我引入一个新的国度，还帮我建立起与 VIPKID 之间的联系。我在 70 多个国家穿越旅行之后，发觉人生就是一个循环怪圈，因为终点又回到了起点，我不但找到了一个心心相印的男人托付终身，并且又可以做自己先前就喜欢的事情：帮助众多对我寄予厚望的为人父母者，为他们排忧解难，解除其子女学习英语的后顾之忧。

我能和 VIPKID 结缘，可以说纯属运气使然！有时候，我甚至觉得自己过去的所有经历都似乎是在冥冥之中指引我去选择这样的一种生活方式，并让我找到一份既能灵活安排时间，又能获得丰厚报酬的工作。下面就是我加入 VIPKID 的故事……

在我所有多姿多彩的生活经历中，在韩国首尔教授英语的日子是我最留恋的时光之一，也是我一直希望以某种形式重温的工作。但是，人生旅途上总是充满各种机遇，我花了多年的时间来周游世界，包括在泰国做潜水教练，以及作为一名游轮工人，在从加勒比海到乌克兰的沿途海域不停地航行。我甚至在厄瓜多尔的亚马孙野生动物保护区做了两个月的志愿者，此外也在汤加岛的一个动物保护组织做了一个月的志愿者。然而，我最终还是会回到美国，因为我母亲患有多发性硬化症，需要我时不时地待在身边照顾她。看来到国外教别人学习英语是不可能实现的事情了。至少我曾是这样想的。

2016 年，我在挪威的一艘轮船上工作。我走进船上的一家酒吧，遇到了来自北马其顿共和国的服务员戴恩（Dane）。他说他对我是一见钟情，但我却花了好几个星期的时间才接受了他对我的感情。几个月之后，我们下了船，到他的祖国——北马其顿——举行婚礼去了。于是我就这样来到了一个全新的国度。周围人说的话和我以前接触过的任何语言都不同，我一下子蒙了，根本不知道该如何开始新工作。

戴恩在当地一家餐馆当厨师，但是马其顿的工资很低，他每月只能挣 250 美元，刚刚够支付我们的基本费用而已。也就在那时，我开始搜寻合适的机会，看自己能否找到一份不需要工作签证，或者不需要说马其顿语的工作。后来，一个朋友告诉我们，在 Upwork.com 上面可能会找到一些在线写作的机会。当时我已经写了 5 年多的博客，用来记录自己在世界各地的旅行见闻以及乘船经历的冒险故事，于是我觉得朋友的建议值得一试，说不定我就能找到一份好工作呢，何况在这之前，我已经为几个在线旅游网站写过一些东西。

正是通过我在 Upwork.com 上发布的个人资料，一位 VIPKID 的市场人员找到了我！他给我发了一封电子邮件，邀请我在 laowaicareer.com 上提交一份简历，然后再进行申请。我照着做了。很快又进行了一堂模拟授课，然后我就通过面试了。现在回想起来，人生真是充满因果轮回，我今生似乎注定要以某种形式从事英语教学工作。于是在 2016 年 12 月，我开始第一次授课，见到了朱利安（Julien）——我的第一个学生。她表现很棒，让我增添了上课的自信。在接下来的两年里，朱利安还继续选我给她上课。但那时的 VIPKID 是一个新生事物，没有几个人真正听说过还有在网上教英语这回事，所以很多人怀疑这样学习英语是否有效。当然，现在，人们的这种心态已经改变了很多。

马其顿的 12 月本来就相当寒冷，而在我需要保持稳定的互联网连接状态时，墨菲定律又来凑热闹，很快我们就经历了一个前所未有的来自寒冬的严峻考验。气温连续 3 个月低于零下 20 华氏度①，创下了马其顿 10 年以来最冷的纪录之一。冷空气导致我们家网络中断，也没有技术人员愿意冒着严寒来进行修理。于是我和戴恩决定去咖啡馆上课。在最初几周，我都只能在本地一家咖啡馆的储藏室里上课，坐在饮料箱上，把冰箱当成课桌。这简直是把自己逼入火坑，因为上课时我还得努力站稳脚跟，并找出适合自己的教学风格。虽然储藏室比外面暖和，但我上课时仍然需要戴着手套、帽子并披上围巾。事实上，我的这套装束给学生们留下了深刻的印象，以至于后来当我回到家中，第一次坐在温暖的木制火炉旁上课时，他们都想知道：和以前上课的情况比起来，为什么那天我看起来如此暖和。

在欧洲生活意味着我可以在白天教学，从早上 9 点到下午 2 点都行。不幸的是，戴恩的工作让他从下午 3 点到凌晨 2 点都不能在家，所以我们在长达两个月的时间里，几乎没有机会待在一起。最后，我们决定我可以多上几个班，而他则成为我的私人厨师，负责给我提供午餐和咖啡。如果你问我的话，我会说这样的安排真是太棒了！因为我上课的时候只要拉开房门，并点头示意一下，我的咖啡就会出现在课桌上。午餐总是早早地就准备好，并且美味可口！此外，这种安排也意味着我们能比以前多挣很多，因为选择让我上课的孩子的人数足够多，我每月的收入接近 2 000 美元。在马其顿，这可算得上是一笔可观的财富。于是我们用这笔钱，开始对公婆居

---

① 华氏度和摄氏度都是温度单位，中国在内的许多国家使用摄氏度，美国在内的少数国家使用华氏度，摄氏度 =（华氏度 −32）÷ 1.8。——编者注

住的房子进行了修缮，并重新购置了家居用品。工程完工后，居然还小有结余。

在VIPKID平台教学的最大好处之一是能够根据实际情况灵活安排时间。这意味着我们可以一边教学，一边去旅行，探索欧洲的许多地方。我们甚至在长达一个月的时间里驱车旅行，穿越巴尔干半岛，去了6个不同的国家，作为对蜜月的补偿。如今，VIPKID社区的很多教师都乐于从事旅游教学，这意味着当教师告诉自己的学生他们的所见所闻时，也就相当于把课堂和整个世界联系起来了。

就这样从上午9点到下午3点，在欧洲上了两年的VIPKID课程之后，我们又搬回了美国。我的父母住在俄勒冈州尤金市，当时我母亲的多发性硬化症已经十分严重，需要有人时刻照顾。但搬到西海岸意味着这里的作息时间和欧洲完全不同，可以说是截然相反。当然，我指的是，由于采用夏令时，所有可用于教学的时间都只能是在下午6点到早上6点之间。除此之外，我的教室就安排在卧室，我父母房间的隔壁，这一切意味着我的日程安排会被彻底改变。我从以前一周大约上50节课变成了仅仅只上12节课。幸运的是，我有一些学生，他们总想上我的课，这给了我极大的鼓励。这些日子以来，我只能在星期五和星期六的下午6点到9点之间上课，但我计划在夏天接更多的课。

我最喜欢做的事情就是和学生分享自己的旅行经历。学生中有一个8岁的女孩杧果（Mango），我已经教了她两年的时间了。她曾告诉我:"老师,等我长到 21 岁的时候,我要去澳大利亚!"她说这话时没有丝毫犹豫,是那么坚定执着。于是我就和她分享了自己在澳大利亚的照片和故事。我还给她寄去一本书,让她在课前练习阅读,并且每次在课堂上都要朗读几页。现在,我们能够就澳大利亚的不同事情展开越来越多的讨论,而这样她也能在每节课都学到一些新的知识,从而为自己将来的澳大利亚之旅做好准备。

还有一个叫可可(Coco)的小女孩,她和她的妈妈都喜欢看我拍的照片。每节课结束时,我都会让她选择:"下节课想和我一起'参观'哪个国家?"作为奖励,我会和她分享自己在那个国家旅游的照片。看到这些照片,他们总是既惊讶又兴奋。

VIPKID 让我有机会继续从事自己喜欢的工作——教书育人。它为我们在巴尔干半岛为期 30 天的蜜月旅行提供了资金,让我们能够对我公婆亟须修缮的房子进行整体改造,并且让我们有钱搬回美国,到现在还能支付我们生活中的大部分费用。此外,在中国和旧金山的 VIPKID 的团队成员在我的生活中给予了很大的帮助,他们总是愿意向我伸出援手。

回到美国也意味着我可以遇到更多的老师(在马其顿没有几个 VIPKID 的老师,尽管我帮他们招聘了一位)。在尤金市,我是在 VIPKID 工作时间最长的老师,因此我总是愿意向别人分享我的教学经验,给予他们支持和鼓励。我甚至开始筹办一些慈善活动,首先是成立了一家多发性硬化症协会,并组织相应的筹款活动(我母亲大约在 22 年前就患有多发性硬化症)。仅仅几周之后,这里的

VIPKID 社区已经募集到 350 美元。不幸的是，重要的一次活动因下雨而不得不被取消，但这并没有让我们感到沮丧，我们仍然见面喝咖啡、拍照，并计划重新安排活动，以表示我们对母亲和其他人的支持，同时唤醒人们对治疗多发性硬化症的认识。

正如我之前提过的那样，我在两年半前开始教学时，VIPKID 就像一个闪亮登场的小鲜肉，虽然只有几千名教师和学生，但却引领着一种全新的教育模式。它的出现，不仅标志着教育领域的一个突破，而且让两种文化有机会近距离接触，并在一些连学生和老师都无法想象的空间架起相互理解的桥梁。现在，即使在全球范围内，VIPKID 也已经成为网络教育界的领头羊，并且正以让人意想不到的速度不断发展壮大。总之，VIPKID 是在线教育领域的真正开拓者，我无法想象没有它的存在，自己的生活会怎样。展望未来，在美国，我丈夫将成为家里的顶梁柱。但回到几个月前，如果我们还待在马其顿，我会去上更多的课，而他则只能继续拾掇家里破旧的房子。所以现在，我期待自己能快快乐乐地教那些出色的中国学生，尽自己的力量来打破国界造成的障碍并鼓励人们实现跨文化的理解。

在世界各地发现自我

■ 唐娜·N. 邓巴（Donna N. Dunbar）

这不是一个悲情故事，而是一个关于改变和希望的故事。

我其实在 2013 年就已经"死"了。

当时我第一次心脏病发作，差点死在手术台上。

我换了膝盖。又一步一步学会了行走。

那一年对我来说，可没有什么好事。我对未来不抱任何希望，也不知道将来自己的生活会怎样。我不能参加工作，因为我几乎不能走路，而且极度肥胖。

但在 2014 年，我们搬到一个新州，开始了新的生活。我家里还有两个儿子，都是高中生。像许多家长一样，我把自己的一生都给了我的孩子——以及他们的教育。我待在家里给他们上课，因为我觉得这不仅让自己有更多时间和他们相处，也能让我给他们提供最好的教育。

我每年都问两个孩子，是选择继续在家学习还是去公立学校。2015 年，他们第一次想去公立学校学习。

于是我考虑重返讲台，但是我在这个新州没有签订教学合同，此外，由于我当时的身体状况，全天教学真的让我吃不消。那我能做什么来打发时间，让自己充实一点呢？我以前的生活重心一直落在两个孩子身上，但孩子们正在渐渐长大。

后来我开始设法改变我的生活状态，因为我讨厌自己糟糕的身体及无所事事的样子。我在生活中感到空虚！我开始寻找新的事情来做。为了塑造一个更好的自己，我改变了以往的生活习惯。

我浏览互联网，希望找到一份适合我生活方式的工作。我先是想找一些现成的写作岗位，但却发现这种工作不对我的胃口。我浏览了一个卖二手物品的网站，它上面也有一小块区域是用来打招聘广告的。我发现上面有一则广告，说的是一家叫作 VIPKID 的中国公司希望招聘英语教师。

我最初以为这一定是个骗局。他们要收我多少钱，才会认为我有教书的资格？如果我给他们上了课，他们不给钱怎么办？我心里盘旋着很多这样的疑问。总之，我觉得这则广告很不靠谱。

但为了解开自己心中的疑惑，我还是开始对 VIPKID 展开了调查。不过当时并没有太多关于 VIPKID 的信息。我只知道这是一家才成立不久的公司，旗下只有几百号员工而已。

尽管如此，我还是决定申请一下。既然我已经对可能出现的不利局面做好了心理准备，那实际情况还能糟到哪里去呢？

于是在 2015 年秋天，我参加了 VIPKID 组织的面试。面试的日子是我自己定的，选择在我动大手术之后回家的第二天。当时我肚子上缝了很多针，连走路都直不起身。幸好是在网上面试，这样我可以坐着谈话。

我模拟给一个中国人上课，幸运的是，我通过了面试。模拟课上的具体内容我记不清了，只记得那个人告诉我：“课上得很好，你只需要在课堂上表现得更有活力就行了!"我看着他,然后回答道:"如果我再用点劲,我的伤口就崩裂了!"我说的是实情。当时,我肚子上缝了 30 多针。连我自己都很惊讶,这种情况下我居然还能走动。

面试成功之后,我的生活正朝着一个更积极的方向发展,生活将充满希望,不但远离过去的消极和悲伤,而且会在现实中发掘自我价值。我觉得自己的生命又焕发出新的意义。

通过 VIPKID,我重新燃起了对教学——以及对生活——的热爱。

我很快就意识到 VIPKID 不仅仅是给自己提供一份工作那么简单。它成了我通向自我发现的一道大门。我很快就结交了来自世界各地的新朋友。我和自己的学生建立了深厚的感情,他们已经成为我内心世界的一个组成部分。

我有生以来第一次早起,并且觉得生活中的每一分钟对我来说都是一种难得的享受。我的家人都认为我在上课时看起来非常开心。事实上确实如此!我从自己的学生身上学到了很多东西,当然我也把一些自己的东西和他们分享。这些生活在世界另一端的学生很想了解关于我的事情,而我认为这种好奇心也帮助他们在学习英语时不断取得进步。

比如,当学生问我多大年龄时,我一般会这样回答他们:"我以后会告诉你,但现在我得保密。嘘⋯⋯"接下来我会拿起白板并在上面写下:"988。"看到这里,许多学生眼睛都瞪大了,但有一个学生这样告诉我:"如果你是988,那么我就是1 000。"我和他们建立了友谊。我的内心也变得强大起来。

我开始期待明天早点到来。我的身体状况正在改善,身材渐渐瘦了下去,过上了一种更健康的生活。没错,我正在改变自己,让人感觉焕然一新。

此外,我的上课能力也得到极大提升,这可是我以前做梦也不会想到的事情。

甚至可以说,在VIPKID创建的网络世界中,我遇到的不仅仅是自己的同事、老板或学生,还是某种意义上的家人,他们让我感觉自己是生活在一个大家庭之中。

2017年,有一个学生问我是否有去中国旅游的计划,我听了哈哈大笑。我告诉他我目前还没有这样的计划,但是我想如果中国之行真能实现的话,那就太好了。然而上天给了我一个大大的惊喜。几周后,我收到一封邮件,说我可以去中国旅游,费用由VIPKID承担。我简直不敢相信这是真的。

甚至在飞往北京的航班上,我都还在怀疑这一切是不是在做梦。我感觉自己怎么可以这么幸运,能够遇见这样一群优秀的教师,并且与从北京办公室赶来的同事见面,而不仅仅只是像以往那样通过电话聊天或在线联络。这一切让我备感荣幸,也让我知道了为什么VIPKID会成为如此优秀的一个教育品牌。他们中的一些员工,是我这辈子见过的最有才华、最聪明、最善良的人。

因此,我对中国的印象也大为改观。你通过书本和电视得到的印象与在那里亲身经历后得出的印象完全不同。到了那里，你才会发觉中国人民是如此善良，他们和蔼可亲、彬彬有礼并乐于助人。这是一个美丽的国家。

我走在长城上，甚至向一位同事发出挑战，看我们在城墙边上站稳不动，谁保持得时间更久。结果我俩在长城的台阶上站了足足有3分钟，却打成平手。长城规模宏伟、气势磅礴，它在崇山峻岭之间蜿蜒前行，放眼望去，看不到尽头。此外，它也像迷宫一样曲折复杂，这让我出尽了洋相——因为我成了同行人群中唯一一个在长城上迷路的家伙。

长城所经过的山川真是雄伟壮观，我觉得自己简直是行走在世界之巅。

在长城的入口，我看见两个孩子试图观察狗狗。那是一只母狗，还带着几只幼崽。于是我停下来，给母狗买了一些食物和水。我希望以这种方式给中国一些回报，毕竟我从这个国家受益良多。

我和其他老师半夜冒着大雨走在街道上，大家都没带雨伞，并且有一位老师脚后跟还受了伤。我们就这样狼狈不堪地来到一家火锅店。结束之后，我们就要返回住的地方。当时我们觉得，虽然我们不会说中文，但相比于在湿滑的街道上走回去，还不如找一位不懂英语的司机，设法让他明白如何送我们回自己居住的旅馆。

幸亏我们真的这么做了，否则我就会错过几个来旅馆与我见面的优秀学生，并愉快地和他们交谈。其中一个9岁的男孩告诉我，他万万没有想到，他的祖母居然在靠墙半蹲时居然比他还厉害。另一个 5 岁的男孩也来了，他仍然像在网上上课一样喜欢我。我很喜欢的一个女孩也来了，她仍然像在课堂上一样和我亲昵，并且我还知道她平时热爱舞蹈和演出。

我的这些学生个个聪明可爱、多才多艺，在短短 25 分钟的在线课堂上根本无法对他们进行全面的了解。他们真是一群了不起的孩子。

学生的父母带我去吃晚饭。后来由于航班延误，他们不忍心把我抛下，其中有一个家长甚至在机场陪我坐了整整 3 个小时，因为他们想确保我能安然无恙地乘上飞机。对我而言，他们并非路人，而是我的朋友，和他们在一起，我能感受到浓浓的爱意。

因此，我把自己的一部分心也留在了中国。

有些人到 VIPKID 可能只是为了多赚钱，或者看上了这种工作能让他们很方便地周游世界，但对我来说，我选择 VIPKID 的原因远不止于此。VIPKID 给我的生命提供了一份新的租约，让我获得"新生"也给我带来新的快乐，让我发现自己在有生之年所能实现的人生价值。换言之，在 VIPKID 的教学生涯是一种心灵与思想的冒险经历。如果有人问我余生的理想是什么，我的回答是："你看看我现在做的事情就知道了！"

重燃热情：我的 VIPKID 之旅

■ 迪安娜·克拉克（Deanna Clark）

迪安娜老师和她的丈夫以及两个孩子住在美国堪萨斯州的霍尔科姆。自 2004 年以来，她一直在实体教室上课，而她真正在 VIPKID 平台上课的时间并不长。迪安娜老师在一个教育世家长大，她从小就知道自己以后也会像父母一样从事教育事业。2004 年春，她从福特海斯州立大学（Fort Hays State University）获得英语学士学位，不久之后就开始了自己的教书生涯。

在我的职业生涯中，我曾先后在 5 所不同的学校任教，其中既包括规模很小的农村学校，我在那里教不到 50 人的四年级学生，也包括规模相对较大的学校，那里虽然只有两个年级，但学生加起来却超过 800 人。我教的课程很多，从中学英语到大学作文都曾涉及，但我如今在堪萨斯州的花园城教七年级学生。我从小就喜欢英语和文学，而我对文学的热爱一直保持到成年。我不断阅读，希望把自己对文学的热爱传递给教室里的每位学生。

我一直对教书情有独钟。当学生第一次掌握某种知识时，他们眼中闪耀的智慧之光成为激励我继续教学的永恒动力。直到现在，那道智慧之光如此耀眼，仍然激励我继续留在教室里，努力帮助每个学生在学习上达到新的高度。然而同样是在最近，我在课堂上对学生的态度以及我对教育的热情都开始发生变化。其中有以下几方面的原因。

首先，在过去的 15 年，在我居住和教学的堪萨斯州，教育并不受重视。政府每年越来越多地削减教育资金。当局希望教师发扬高风亮节的精神，在教学中只讲奉献，不求回报。而孩子们身上出现了各种各样的问题，比如教育方面，以及情感、社会和身体方面。我的教室不断涌入一些新的孩子。他们失去了父母，又没有成年亲属照顾，因此他们是否能接受教育，根本无人关心。我的学生有一些才 12 岁，但却不得不自己做饭、打扫卫生并照顾弟弟妹妹。当你不得不准备晚餐时，做不做家庭作业就不是你优先考虑的事情了。在过去的几年中，学生情绪波动也很厉害。就在今天早上，我就不得不对一个在言论中流露出自虐倾向的学生做思想工作。回到 15 年前，学生中还很少出现这类事情。然而如今，这类事情层出不穷，让人难以应付。

可为了孩子们，我还得坚持下去。我当初之所以选择教书，是出于对文学的热爱。我之所以一直从事教育，是出于自己对学生的热爱。除了教育，还有什么工作能让你影响、塑造这些年轻学生的思想——而他们的思想最终将引领这个世界？还有什么工作能让你接触到成千上万人，而不仅仅是少数人？某天，或许你以前的某位学生回来告诉你，当初你帮他解决教育和情感方面的问题，确实给他的生活带来了巨大的影响。如果此时，你问自己：天底下还有什么工作能让自己如此满足，我想，除了教书育人之外，再没有别的什么工作了。

其次，不幸的是，在过去几年，我在生活中也遭遇了一些变故。我感觉自己身心疲惫，厌倦了应付政府举办的各种强制考试；厌倦了管理学生时层出不穷的纪律问题；厌倦了给数百篇论文和作业评分；厌倦了花好几个钟头的时间备课；厌倦了根本没有任何教育经验的立法者们凭空炮制出来的种种规章制度；厌倦了因给学生买一些超出他们父母承担能力的学习用具，而导致我的家庭开支亏空。

但我热爱自己的学生，我热爱每天做的事情。我喜欢看着自己的学生成长和学习。我只是厌倦自己没有足够的能力来帮助学生而已。我已经从自己口袋里掏出几千美元为学生购买基本的学习用品，包括铅笔、纸张以及书籍，等等。我自掏腰包为学生购买食物，因为忍饥挨饿会影响学生的学习效果。

2019年，我在学校启动了一个名为"老鹰食屋"（Hawk Pantry）的加餐项目（我们学校的吉祥物是一只老鹰）。我创建了几个"捐助者选择"项目，并在脸书上启动了3个筹款活动，从而可以用募捐所得购买健康零食，让学生们免费享用。它们取得了巨大的成功。在几乎整整一学年的时间里，我们已经为800多名学生提供了食物，而这依靠的全都是捐赠和筹款。在此期间，学生们的成绩迅速提高。但即便如此，我也未能充分调动起自己身上的热情。我一直在寻找方法，希望重新点燃自己对教学的热情。虽然"老鹰食屋"让人激动，让我能以新的方式帮助学生，但它也差点毁了我的教学生涯。因为当时我开始研究非营利组织，以为自己转行去干一个完全不同的职业或许能让我再度焕发出激情。然而，我在其中也没有找出任何能真正让我感兴趣的东西，于是我决定还是留在学校。

除了全职教学之外，我还做过很多兼职工作。在美国，尤其是在堪萨斯州，教师的工资很低。在学校上完一天的课之后，我最不想做的事情就是穿上沃尔玛的工作服，或者到当地粮站给卡车装运的粮食称重，但多年来，我不得不经常做这些工作。我一直在寻找一种可以在课堂之外运用我的教学技能的方法，但这样的机会很少，而且即使有也很难获得。

于是我心血来潮，决定申请到 VIPKID 上课——我曾在脸书上看过它的招聘广告，甚至在几个月前就已经填好了初步的申请信息。但"老师不出家，教遍天下娃"的梦想似乎遥不可及，这怎么可能呢？如果我的教学风格不能适应网上的教学环境该怎么办呢？如果没人订我的课，又该怎么办呢？一开始，我是不是得花一大笔钱才行？我上的课能和示范视频中的其他老师一样生动有趣吗？虽然这些疑问让我顾虑重重，但我仍决定尝试一下，至少给自己一个机会。

既然我开始了 VIPKID 的招聘过程，我就着手对这家公司做了更多的调查研究。这份工作听起来如此美好，让人感觉简直如在梦中！我肯定不可能一边舒适地待在家里，一边给居住在世界各地、天性活泼的青少年上课，对吧？但我真的没想到我会通过 VIPKID 的初步考察，因为我以前从未有过在网上授课的经验。于是，当我凭借线下教学的经验和热情以优异的成绩通过面试后，我决定尝试着去上 VIPKID 的模拟课。我也没想到居然能通过自己所选的 3 堂模拟课，并且全都是一次搞定！我起初递交申请只是一时冲动，现在却变成了活生生的现实，让我能在 VIPKID 提供的网络平台上进行兼职教学。

对我而言，在 VIPKID 上课改变了我的生活。5 年以来，我第一次重新找到了教学的激情和力量。我曾在教室里努力寻找的那种激情火焰现在燃得正旺。我可以在早上以及周末与中国的孩子们一起学习，他们的学习激情让我重新焕发活力，从而可以以饱满的热情在美国教授这里的学生。我在美国的学生喜欢听我讲述我在 VIPKID 所接触的那些中国学生的故事！他们总是想知道我教的中国学生是否有人像他们一样，还想了解这些中国学生的具体学习内容。我发现全世界的孩子都差不多。尽管美国和中国对教育的态度不同，但不管孩子身在何处，他们毕竟都是孩子。看到我的中国学生和美国学生虽然生活在世界的两端，但都在不断学习和茁壮成长，这真的令我深感欣慰，我舍不得把这种感觉和任何东西交换。我完全相信，自己作为一名美国教师，将用自己的知识帮助来自不同国家的学生通往新的世界。我拥有他们未曾有过的经历，而他们也拥有我未曾体验的生活。因此，不仅是他们在向我学习，而且我也同时在向他们学习。通过这种共同学习，我和自己的学生可以培养出理解和宽容的价值观，从而让我们接受那些与自己不一样的群体。我认为，全面的教育不仅包括严谨和亲近，还包括尊重和联系。如果我能教会学生理解并接受那些与自己不一样的人,那我就尽到了教书育人的责任。是的,语法、拼写和数学很重要,但是善良、关心和同情也很重要。

在 VIPKID 平台上课,不仅在经济上改变了我的生活,也改变了我在实体教室里的教学方式。我发现自己上课时更生动有趣,使用了更多的全身反应教学法。以前我可能有时说话有气无力,但现在当我们讨论新的话题时,我可以听到自己的声音中流露出更多的活力和兴奋。我的学生也注意到了其中的变化,他们在和我谈论我那些来自世界各地的学生时显得异常激动。因此,VIPKID 不仅让我能够通过网络帮助中国学生,也对我在美国的教学起到了促进作用。

VIPKID 提供的课程简捷有效,孩子们表现出色,公司对教学工作提供全方位的支持服务。我和其他老师建立了新的友谊,我甚至试图说服几个朋友成为 VIPKID 的老师,其中有两个人差不多已经准备好要开始教学了!他们在 VIPKID 看见了我所感受到的那种热情和兴奋,他们也希望有机会重燃对教学的热爱。

谢谢你,VIPKID,让我重拾教学热情!谢谢你提醒我,我每天的所作所为会改变许多人的生活。谢谢你提醒我,我做教师可以像自己刚从学校毕业时一样:对未来充满希望,总是心怀梦想和激情。谢谢你给我提供机会,让我可以感受来自世界各地的学生丰富多彩的生活。我迫不及待地想知道,VIPKID 将来还会给我带来什么样的惊喜。

拥抱变化

- 珍·慕思卡尔（Jen Moskall）

珍·慕思卡尔和丈夫住在佛罗里达。她在东密歇根大学获得社会工作学士学位，在佛罗里达州立大学获得幼儿特殊教育硕士学位。她在获得基础教育证书后，成了一名教师。但在2017年，她辞去了这份退休后有保障的铁饭碗工作，选择在VIPKID平台全职教书。下面的故事将给我们解释其中的原因。

我的故事一开始和大多数老师没有什么差别。我喜欢孩子且乐于助人，这使我成了一名教师。不幸的是，从教仅仅13年后我就感觉自己身心疲惫。我才刚40出头，但我身体的健康状况下降得实在太快了。不过，自从加入VIPKID之后，无论是在精神、身体上，还是情感上，我的状况都在蒸蒸日上！下面，我将讲述我对癌症的恐惧以及我在工作中的心力交瘁，是如何引导我踏上VIPKID之旅的。

我叫珍·慕思卡尔。我和丈夫带着我们的两条狗住在阳光明媚的佛罗里达州西南部。我喜欢沐浴在温暖的阳光下，到户外进行各种活动。我喜欢游泳、练习瑜伽、骑自行车及钓鱼。我从东密歇根大学获得了一个社会工作学士学位及一个在基础教育方面的认证学位，此外在佛罗里达州立大学还获得了一个关于幼儿特殊教育的硕士学位。在成为一名教师之前，我是一个和具有发育障碍的成年人打交道的病案管理者，也是"赢在起点"（Head Start）的校园社会工作者。在获得基础教育认证学位之后，我转行从事教学工作。作为一名教师，我在实体学校工作了9年。在那9年里，我在幼儿园工作过，做过阅读指导员并担任过特殊教育资源教师。我喜欢和一群学生一起学习，帮助他们取得好成绩，但大量的工作带来的压力让我不禁打了退堂鼓。后来，我成了一名住院家庭特殊教育教师，为那些因身体不适无法上学的学生提供教育服务。正是在这段时间，我开始为VIPKID工作。于是在长达8个月的时间里，我同时做着两份工作。这并不容易，但我发现在VIPKID教书，不仅可以丰富我的职业生涯，还可以改善我在精神、情感和身体方面的健康状况。

我一直喜欢和小孩子待在一起，而教书是一种很好的方式，可以释放我对孩子的热情，并帮助他们。遗憾的是，虽然我和丈夫都在密歇根州土生土长，但这里并没有相应的教学职位。于是我俩决定追求自己的信仰，通过在电话上获得的工作机会，我们搬到了佛罗里达。我喜欢教书！我喜欢当老师！虽然每一天都充满挑战，让人疲惫，但是学生的善良和好奇总是让我感觉身心愉悦、笑容满面。

不幸的是，经过十多年的教学，我积劳成疾，不但身体垮掉了，而且在精神上也疲惫不堪。2017年8月，我的健康状况对我的生活造成了严重的干扰。我的医生告诉我，我的骨盆有一个肿块，需要尽快切除——在过去的一年里，我一直疾患缠身，现在终于得到了诊断。得出这一诊断之后,他们又对我进行了许多检查,最终给我动了手术。但先前没有哪个医生能确认我身上是什么肿块。究竟是肿瘤、囊肿还是更坏的癌症?得出答案的唯一办法就是做手术。用担心和害怕这样的字眼,已经不足以表达我当时的心情。整整10天,我一直在想:自己到底是不是患了癌症?这种想法挥之不去,让我一直生活在担心和恐惧之中。虽然这些想法既不健康也无助于治疗,但我成天禁不住胡思乱想。动了手术后,医生才确定我没有得癌症,但我确实长了一个肿瘤和两个囊块,不过它们都在手术中被医生切除了。得知确切消息的那天,我如释重负,心中只感到纯粹的快乐和轻松!我没有得癌症!

但就是在这9周的康复时间里,我开始反思自己的职业、健康和幸福。得知自己可能患了癌症,虽然最终被证明属于不实消息,但却改变了我对如何继续自己的职业以及如何继续生活的看法。我很快就意识到自己需要改变,确切而言,是一种在职业方面的改变。我需要重新评估自己的职业选择,重新在教孩子的过程中找到快乐,因为现在一想起要回到自己的教学岗位,就让我充满焦虑和悲伤。虽然我喜欢和孩子们一起学习,但我不知道如何才能在不感到教学压力的情况下重拾上课的热情。我需要找一份工作,它能让我以一种鼓舞人心且引人入胜的方式来教孩子。我对自己承诺,我不会再继续过以往那种不健康、不快乐的生活了。我会利用病假时间,思考、寻找并规划自己未来的幸福。

休完第一周病假之后,我发觉自己简直要发疯了!我已经恢复到一定的程度，虽然已经可以自己照顾自己，但还不能开车或去其他任何地方。我过去通常打交道的是一些需要特殊教育的小学生，这意味着没有休息时间，整天都得不停地处理事情。而我现在需要找出一些可以在家里处理的事情，从而让我的大脑保持活跃和忙碌，但同时又不会给我正在康复的身体带来压力。我也确实希望能找到一些事情来做，让我的病假不至于那么漫长，并且这也有望帮我找出自己迫切需要的那种改变。一天，在网上浏览招聘信息的时候，我想起我最好的朋友曾谈到她作为一名在线教师的新工作。

我这位最好的朋友是2017年开始为VIPKID上课的。当谈到这家公司以及她有多喜欢网上教学时，她身上表现出的完全是满满的正能量。既然我将在9周的时间里无事可做，倒不如亲自看一看VIPKID是怎么回事。当我开始向朋友咨询、阅读在线评论并观看无数视频时，我意识到自己可能已经找到了我所需要的那种改变。但我在VIPKID方面的事情还没有进展时，却等来了飓风艾尔玛。就在飓风艾尔玛来袭之前，我向VIPKID递交了申请，并完成了初步面试。艾尔玛袭击了佛罗里达西南部。我和家人都很安全，我们家只是遭受了轻微的损害，但断电了12天。这让我在VIPKID的申请搁置了。我变得既焦虑又紧张。我觉得如果自己不尽快通过VIPKID的模拟讲课，我辞去州立教师岗位的梦想就会破灭。我的焦和紧张其实多余了，由于一些出色的教练和我的推荐老师的帮助，我在2017年9月10日获得了在VIPKID平台进行教学的职位。现在电源也恢复了，我开始布置自己的在线课堂，并参加尽可能多的研讨会，为成为一名网上教师的新职业做准备。

在我为期9周的病假结束之前，我已经在每周5~6个上午抽出时间，教4~6节课。在这短短的9周里，我已经爱上了在线教学！我重新燃起了对教学的热情。这些中国儿童面孔可爱、充满好奇心，虽然有时不乏严肃，他们深深地吸引了我。然而在这之前的很长一段时间里，我在一所公立学校里由于各种原因而苦苦挣扎于教学一线。

作为一名公立学校的老师，我经常觉得自己无能为力，我不能以学生需要的方式向他们提供自己的时间和资源。我认为只有当教师爱上教育，并且学生爱上学习时，师生的表现才能达到最佳状态。但在过去，即使我尽力保持自己对教学的热爱时，我的学生也没有找到他们对学习的热爱。他们在这么小的年龄阶段，就对强加在他们身上的学习要求深感压抑。要求小学生做选择题和数学简答题，阅读图书并进行评估，这本身就很有挑战性，而要求一个有学习障碍的孩子完成这些任务则不仅令老师灰心，也令学生沮丧。其实，花在这些困难任务上的时间完全可以用来培养学生的学习能力，相反，强人所难只会放大学生的缺陷，并增强他们的挫败感。

当我在VIPKID平台给学生上课时，我不仅感受到自己的教学热情，也感受到学生学习英语的热情。比如，在过去的几个月里，我一直是艾米莉（Emily）的老师。当我第一次见到艾米莉时，她还是一个安静而严肃的L2学生，并且经常信心不足。无论是在语法规则、单词发音以及表达的流利性方面她都存在困难。然而在上了 44 节课、1 100 分钟之后，艾米莉成功地掌握了第三单元的内容。不错，艾米莉有时仍在努力学习单词发音甚至语法规则，但她不再是我在 44 节课之前所遇到的那个安静而严肃的学生了。现在她来到教室时，面带笑容，在椅子上蹦蹦跳跳，兴奋地等着要和我一起学习。艾米莉告诉我很多关于她的哥哥、她最喜欢的玩具以及她的同学的事情。然而，每堂课最精彩的部分是快结束的时候，我们用手比出心形，并说"我爱你"。即使在我把电脑摄像头关掉以后，我似乎仍然看见并听到艾米莉在说她有多爱我，并告诉我她很快会再回到我的课堂。

VIPKID 是一种我们都非常需要的新鲜空气。2018 年 6 月 1 日，VIPKID 变成了我的全职工作，也是我的主要收入来源。在公立学校干了 13 年的教育工作之后，我做了一个自己不得不做出的艰难抉择，辞去了在教育战线那份有退休保障的铁饭碗工作，却感觉如释重负。我现在终于可以用一种鼓舞人心的方式来教学了，这可是我一直梦寐以求的工作。

我现在平均每周上 60 节课。我也采用一对多的教学模式，并尽可能多地招收学生。我已经拥有一些固定学生，而我每周都期待能和他们一起上课。我不但和自己的学生建立了联系，而且还和他们的家人建立了联系。甚至可以说，这些 VIPKID 的学生已经成为我家庭的一部分。我欢迎他们进入我的家庭，同时也进入我的心灵。很多时候，我一大早醒来，感觉这一切美好得像做梦一样。因为我开始教地球另一端的孩子们说我自己的母语。这些学生给我的生活带来了如此多的快乐和幸福,帮助我重新找回了教书的激情。同时,自从我从州立教师的岗位上辞职之后,我的健康状况有了很大改善。我现在每天都有时间享受游泳和瑜伽。我不再感受到来自工作的压力,或遭受因压力引起的头痛的折磨。我现在是一个真正快乐的老师了。感谢VIPKID和我所有了不起的学生及其家人!我每天都感谢这份教学工作,也感谢我的VIPKID家庭!

我们是老师,更是妈妈

■ 赵冬梅

赵冬梅是一位图书编辑,同时也是一位自由撰稿人。她的女儿在 VIPKID 学习英语,在学习中不断地感受乐趣。之后,赵冬梅成了一名 Lingo Bus 的老师。从女儿学习英语,到教授别人家的孩子学习中文,她经历了身份的置换,但同时也正在将两种不同身份所具有的爱和责任,倾注到孩子们的身上。

接触到 Lingo Bus 的平台,是我的幸运,它让我重新审视自己,作为一个妈妈应该如何爱孩子,教孩子。

我的宝贝辛西娅(Cynthia),刚刚满 5 岁,在 VIPKID 在线学习英语一年了,进步很明显,我本来的初衷很简单,就是希望她见到不同肤色、不同语言的人不会害怕,坦然而友好地交往,可以像见到邻居一样,主动打招呼,交朋友。起初很多人不理解,在线学英语,抓不着摸不到,老师怎么教孩子,要如何提高成绩呢?

我觉得这些人的初衷就是偏离轨道的,每个人对教育的态度有所不同,有人要成绩,有人要结果,而我是个看重过程的人,我希望孩子能在扩展见识的同时学习知识,而且是主动并快乐地学习。在这一点上,VIPKID 的老师真的做到了,我从中学习到很多。我们一直都在说鼓励式教育,一味地说"你真棒""你很好",可是这对孩子真的好吗?辛西娅刚在 VIPKID 学习的时候就可以听懂一些英文，因为我是学英语专业的，所以平时也会时不时地教她一些，但是发音一定不够标准，尤其是口语的问题，用一句比较流行的话说：你以为你听到的就是真的你听到的吗？答案显而易见。

在课上有些时候她的发音不够标准，VIPKID 的老师会激励她："Almost right, think about it again."（差一点就答对了，你可以再想一想。）当辛西娅回答正确的时候，老师会说："Good job, Cynthia."（棒极了，辛西娅。）老师们鼓励孩子思考，鼓励自我探索的精神。这对于孩子来说才是最重要的，而不是单纯地记下来正确的，却不知道为什么。

大概是 2018 年 10 月，VIPKID 的课籍顾问发微信给我，问我有没有兴趣教国外小朋友学中文，当然她知道我的本职工作是书籍编辑、自由撰稿人，曾经翻译并出版过一些儿童社科类书籍。我在她的推荐下给 Lingo Bus 发了简历，之后收到通知，准备面试。由于我一直陪伴辛西娅上 VIPKID 的课程，所以耳濡目染了外籍老师的上课风格，加之 Lingo Bus 老师的经验分享与多次线上培训，很快我就可以顺利授课了。

做了 Lingo Bus 的老师之后，我像是打开了人生一个新的大门，或者说是打开了我做妈妈的另外一个模式，最明显的表现就是我更加喜欢鼓励和引导辛西娅尝试新的东西和方法，曾经觉得玩具买多了没有用，现在觉得应该多多地开发她动手玩玩具的能力，这些都是我在 Lingo Bus 给学生上课的时候得到的启发。Lingo Bus 的很多学员家长都是 VIPKID 的老师，他们的孩子上课的背景就是他们的授课背景，当我用手中的素材演示的时候，很多孩子都会拿出相应的物品，比如色卡、Dino 玩偶。他们都特别友好，也特别配合，他们的学习是主动而快乐的，几乎每一个孩子都会主动和我打招呼，用他们不熟悉的语言说，"你好，老师"。加上他们灿烂而快乐的笑脸，在网络这边的我瞬间被感染。

在我的课堂里从来不缺少笑声和快乐，更多的是爱，因为我知道在课前，孩子的妈妈一定陪伴他们学习了如何说"你好"，来主动问候老师，多么好的妈妈们啊！

慢慢地，我发现有几个固定的孩子约我的课了，这些孩子分两种：第一种是特别活泼的，家长都会留言感谢我可以让他们的孩子快乐而主动地上满 25 分钟；第二种是特别腼腆害羞的孩子，家长留言说很感谢我让孩子没有压力而快乐地学习中文。我女儿是特别外向的孩子，我先生是特别内向的性格，所以我想我比较擅长引导和带动这两个极端的孩子，这也应该感谢我的家人。

最近有件事情对我的触动很大。有一个特别内向的孩子，有些人也许觉得他木讷，反应慢，说不好，可是经过我和他共同学习两节课后，我发现他只是很腼腆，害怕自己做得不好，说得不对。第二节课的时候他已经可以主动地介绍他的家人给我认识，会主动用力所能及的语言表达他有哥哥、弟弟、妹妹，他家有 6 口人。我真的很开心，孩子可以对我敞开心扉。家长留言表示非常感谢我，因为孩子第一次主动告诉他们学中文很开心，并且特别开心介绍家人给我认识。当我们上第三节课时，剧情却反转了。起初也是很开心地上课，可是最后几分钟的时候，他突然没有回应，直接趴在桌子上了，但这时家长没有在旁边，我只好不停地叫他。他起身之后满脸的泪水，我的心一下子紧绷起来，我顾不得不允许说英文的教学规定，用英语和他交流，鼓励他，告诉他他做得很好，学习中文很难，对于我也是一样的，他已经很努力了。他慢慢止住眼泪，告诉我，他困了，太累了，想去睡觉。我马上对他说去睡觉吧，没关系，下课了，以后无论你有任何需要，一定第一时间告诉老师，每一个老师都会帮助你的，不要自己默默坚持。

下课后我马上和救火队员联系，告诉他们这种情况，希望他们联系家长，沟通安抚孩子。我也写了反馈信息给家长，希望他们告诉孩子不要有压力，要继续学习中文，如果不上我的课也没有关系，我是爱他的，他真的很棒。我想他只是为了自己没有表现好而难过。

这一天，我的心情一直不能平静，因为我不只是一个老师，我更是一个妈妈。我在教课的同时，也希望他们快乐，就像希望辛西娅在学习中得到快乐一样。一天焦急的等待后，晚上终于收到了家长的反馈，第一句是以孩子的语气说的，说他只是太累了，白天参加了比赛，我是他最喜欢的老师，他很喜欢跟我上课。家长说孩子坚持要自己给我留言，他们没有考虑到孩子的疲劳，把课约得太晚，没有及时察觉孩子的状况，非常感谢我的关心与安抚，下一节课一定做好准备。看到留言的时候我几乎狂喜，孩子没事儿，他愿意继续学习，这就是一个妈妈最大的安慰。

很多人问我做 Lingo Bus 的老师感觉怎么样，我的回答是"棒极了"。时间是自由的，也许辛苦，但都是出于对这个职业的爱与责任，我认为 Lingo Bus 的每一位老师都是拥有爱与责任的。我们本着作为一个妈妈的心态，在做一个老师。我希望拥有更多孩子的爱，也给更多孩子送去快乐和爱。

第 12 章

改变与梦想

我们对 Lingo Bus 的体验

- 奥利弗（Oliver）的妈妈

我在 VIPKID 有一年半多的教学经历。当我开始在 VIPKID 上课时，我对中国及中国文化知之甚少，对中文更是一无所知。我所教的中国学生，即使年龄很小，也能说一口流利的英语，这给我留下了极为深刻的印象。因为我自己就有两个孩子，母亲的身份让我开始思考关于他俩的教育，并意识到这是开始他们语言学习的黄金时机。

我的儿子奥利弗 6 岁就开始上课。他对学习一门外语原本毫无兴趣，但既然 Lingo Bus 可以给我们提供免费的实验班，让他去学习一下也不会有任何坏处。我们也参加了 Panda Tree[①] 所提供的免

[①] Panda Tree 是美国的一个在线外语学习平台，目前主要为青少年提供中文和西班牙语课程。——译者注

费实验班,因为我和我丈夫都会说一些西班牙语,所以我们觉得西班牙语似乎更容易学会。但通过比较,我更欣赏 Lingo Bus,因为它采取的是沉浸式教学模式,并且任教老师非常专业、富有爱心。此外,在 Lingo Bus 需要的学习成本要比 Panda Tree 低得多。老实说,我真的对儿子的中文能学多好不抱太大希望,中文似乎是一种极为难学的语言。

当儿子才开始上课时,我会陪他坐在一起,帮助他理解老师讲课的内容。我们虽然看了预习视频,但上面的内容让我们如读天书,很多时候儿子在课堂上只会机械地跟读或一脸茫然地盯着老师。我根本帮不上什么忙。儿子也很紧张,他拿着耳机线,不停地在自己的脚趾和手指上绕来绕去。

然而不知何时,他的脑子突然开窍了。我发觉他开始真正喜欢自己的老师,并盼望在课堂上和老师做游戏。事实上,这是他进行课前预习的最大动力。我告诉他,"我们必须做好准备,这样才能捉弄史蒂夫"。他会和我一起努力练习,这样他就可以在课堂上给出机智俏皮的答案。现在他为自己能说中文而深感自豪。他的朋友中还没有哪个在学任何语言,于是他会给朋友们做一些小测试,来炫耀自己学到的中文知识。我女儿现在也在上中文课。她的老师告诉我,她经常会试着教我女儿表示颜色的中文词语或其他一些短语。我也认识许多汉字和短语,但是我没有练习过说中文,所以,中国人听我说他们的语言可能会感到很别扭、很难受。

我觉得 VIPKID 对自己的儿女产生了非常积极的影响。我儿子在学习上没有困难，所以我需要找一种方法来刺激他的大脑，让他去学一些有难度的知识。我很高兴地看到他已经养成了一些学习习惯，我也很庆幸自己让他很早就开始学习一门外语。我希望中文至少会让他了解世界的另一端是什么样子。在仅仅一周多的时间里，我们就拟订计划，打算去中国进行一次家庭旅行。我知道这对我们全家人来说都将意味着一个巨大的空间切换，但我迫不及待地想看到，我的孩子可以用中英两种语言与我的学生们交谈。令我感到特别有趣的是，我自己既在给中国的孩子上课，与此同时，中国的老师又在给我的孩子上课。也许我是年纪大了，跟不上时代的发展，因为我以前从来没有想到居然还会发生这么奇妙的事情。但我很高兴看到今天这样的情形。

我们喜欢发生在 Lingo Bus 的很多人和事，其中就包括 Lingo Bus 的那些老师。想想刚开始上课的时候，我儿子说话带着严重的口音，他基本听不懂老师说的话，再看看他现在说中文的能力，真是令人无比惊讶。对一个以英语为母语的人来说，我知道他要学好中文肯定还得付出多年的努力，但是我为他在老师的指导下所取得的成就深感骄傲。他已经学会了如何用拼音打字，并且经常在老师上课时给他们留下一些"爱心便条"。例如，"你好，热狗"是他经常写给老师的欢迎信息。

我们也喜欢 Lingo Bus 的课程和视频。我儿子非常喜欢观看贝贝和艾文之间的互动。艾文是个小丑，他在任何情况下都容易出丑，常常逗得我们哈哈大笑。他们制作的动画也很搞笑，尤其是贝贝那副怪罪别人的表情。

我女儿喜欢课文中出现的所有歌曲,当我们一起预习课文时,她会将播放速度调慢一半,这样她就能听清楚所有汉字的发音。有时候在车里,我听到她慢吞吞地说,"如果你喜欢这个视频,给我们点个赞吧",她也喜欢在蹦床上边跳边唱。作为一个家庭,我对我们选择在 Lingo Bus 上课感到非常满意,并期待着继续在上面学习,从而取得更大进步。

给"翻译家"梦想插上翅膀

■ 秦于越

秦于越,VIPKID 学员刘佳萱的妈妈,居住在西安。

我来自中国的古都西安,是一位从事大学教育工作的家长,我的女儿佳萱 9 岁了,她有一个翻译家的梦想。

在她 7 岁的时候,我们一家曾经在美国短暂居住过一年时间。刚去美国的时候,佳萱吃不惯美国的食物,很想念中国的饮食。因为佳萱的姥姥来自中国美食之都——重庆,又很疼爱佳萱,就给她做重庆的担担面等家乡菜作为午餐。每次佳萱在学校一打开便当盒,就会有一群小朋友被中国美食吸引过来,七嘴八舌地问:

"这就是中国人平常吃的面条吗?""为什么面会这么滑呢?""宫保鸡丁是最好吃的中国菜吗?""中国人为什么总是要喝

热水呢？"……

佳萱就会用磕磕绊绊的英语一一给小朋友们介绍。有时候她不知道怎么回答，就回家问我，第二天再去学校讲给小朋友。就这样，小小年纪的佳萱，竟然成了同学们认识、了解中国的"小窗口"。同时，佳萱也开始意识到，原来不同文化背景的人们在信息、知识、情感的传递中居然有这么多的差异，她开始体验到跨文化沟通的乐趣和意义。所以有一天我问她："长大之后想做什么？"她说："我要成为一名翻译家！"

回到中国后，佳萱在西安上了一所私立小学。很多同学不是很了解美国，因此每次当佳萱跟同学们提到美国的朋友时，佳萱就会用自己的亲身经历耐心地跟这些同学讲，在美国，各种肤色的小朋友都能相处，他们都很喜欢中国。

正是因为这些文化认知的差异，佳萱更加坚定了自己的翻译家梦想，并开始了一步步的筑梦之旅。为此，她也更加努力地学习英语。每当学校有国外访客，她都会主动担任小翻译的角色。她还经常参加一些中外文化交流的活动，担任双语主持，将现场中文主持人的讲解即时翻译成英文。

慢慢地我发现，学校的英语课已经不能满足佳萱的英语学习需求，她渴望接触更大的世界。于是我给她报名了 VIPKID。在 VIPKID，佳萱也更加热衷于与外教讨论中外文化的不同，并且非常乐于跟外教普及中国的传统文化，这也使她一天天更加靠近梦想。

除此之外，在 VIPKID，佳萱幸运地认识了两位非常棒的外教老师，他们也成了佳萱梦想的助力者。

一位是外教吉娜（Gina），吉娜老师最大的特点就是表达非常具有亲和力，而且善于寻找和女儿的"共同话题"，在潜移默化中渐渐拉近彼此间的距离。就连我也跟着吉娜老师学到了不少育儿经验。比如，吉娜老师在给佳萱上第一节课的时候，并没有从常规课程内容开始，而是先和佳萱谈论起这个年龄段的孩子最感兴趣的书籍和动漫，佳萱马上就被吸引住了，一下子跟外教打开了话匣子。一来二去，女儿和吉娜老师成了好朋友，心情也更加放松，也能越来越自如地用英文表达自己的观点和想法。

在陪伴女儿英语学习的过程中，我也逐渐意识到了帮助孩子引导兴趣爱好，让孩子产生学习自驱力的重要性。在吉娜老师发现佳萱对《神奇树屋》(*Magic Tree House*) 系列绘本感兴趣后，我就给孩子提供了更多的阅读绘本和原版卡通动画，也担任起她学习资料的"质检官"，进一步激发佳萱的学习兴趣。到现在，佳萱已经看了近千本英文原版绘本和小说，也逐步养成了习惯。

另一位给佳萱带来很大帮助的是 JD[①] 老师，一位来自科罗拉多州的明星外教，他在 VIPKID 平台上被家长们关注了近 6 000 次。而这位 JD 老师也确实有"神奇"之处，他能够精准地把控每个孩子的英文水平，合理安排每一节课的内容，真正做到因材施教。

---

① 此处作者提供的即是 VIPKID 平台上的教师的名字，未给出正式名字。——编者注

JD 老师给佳萱带来的最大影响是，帮助佳萱提升了逻辑能力和思辨能力。特别是在自由讨论的环节中，一开始，佳萱不知道该怎样突出重点地回答，经常答非所问。JD 就会慢慢引导她找出问题的矛盾点，并寻找进行总结的方法。此外，JD 老师还经常利用思维导图的形式，让佳萱逐渐认识到问题的重点，帮助她提升自己的陈述和总结能力。

后来我才知道，JD 老师学习的是英语文学专业，还在大学担任过辩论队队长，除了优秀的思辨能力外，还有着非常出众的文学造诣。在 JD 老师的指导下，佳萱开始爱上了英文写作，还开始了自己魔幻小说的创作之路。现在佳萱的几篇小小说已经在同学中"广为流传"。更让我欣慰的是，在英语写作的过程中，我看到女儿完全是享受的状态，她的专注和坚持让我看到了她对写作梦想的热爱，也在一定程度上感染了我。

看着佳萱越来越自信，我帮她报名了一个英语演讲大赛。为了准备这场比赛，JD 老师也给了佳萱很多鼓励和指导，还答应亲自到现场为她的决赛加油。

非常可惜的是，比赛当天，JD 老师因为弟弟的生日没能赶到中国，佳萱和 JD 老师未能如愿相见。尽管获得了决赛的特等奖，但佳萱还是有一点失落。

对于未能与佳萱见面的遗憾，JD 老师始终耿耿于怀。于是悄悄跟我们联系，特别筹划在佳萱生日当天，不远万里来到中国。

那天，我把女儿"骗"到机场，告诉她我们是去接我的一个同学，佳萱丝毫没有怀疑。直到她看到 JD 老师从机场出口走出来的那一刻，她惊呆了，足足两分钟都没有回过神来，最后她雀跃地跑过去和老师拥抱，两个人都开心极了。

JD 老师陪着佳萱一起度过了 9 岁生日。佳萱还自告奋勇地带着 JD 老师游览了西安的兵马俑、秦始皇陵、华清池等著名景点，她还用英语向老师介绍了这些景点的历史和西安的著名小吃，完成了一次愉快的见面之旅。

转眼间，佳萱已经在 VIPKID 学习两年了，我也见证了她巨大的进步。现在，佳萱马上就要学完 VIPKID L6 的课程了，但是她却希望自己可以学得慢一点，因为 JD 老师暂时还没有获得 L7 Plus 的教学资格，升到 L7 Plus 对佳萱来说意味着和 JD 老师的告别。JD 老师知道了佳萱的顾虑后，答应她一定会考下 L7 Plus 的教学资格，和她一起更上一层楼。

听到这个消息，我也放心了。佳萱，我的小小"翻译家"，梦想的翅膀已经张开。面对未来，希望我的女儿能永远灿烂地微笑，能够在更辽阔的天空飞翔。

我的孩子不是"神童"

■ 王秀丽（仝一妈妈）

中考被北京市三所重点实验中学录取：北京市十一学校、北京市海淀外国语实验学校和北京凯文学校；2017 年获得中国代表队小初高阶段唯一的世界青少年发明展科技艺术金奖；2018年参加"阿泰克国际营地交流大会"，与全球62个国家的4 000名孩子一起竞赛，获得全英文朗诵金奖；2018年带队参加"首届未来太空学者大赛"获得总冠军、最具现场人气奖；2018年，国家科技馆"中国航天日"被指定作为北京市小学生代表发言；2019年获得国家版权局《梦回唐朝》作品著作权（全部权利）一项……在别人眼中，我家孩子像是"神童"一样的存在。但我并不认为是这样，我认为每个孩子都有百分之百创造"奇迹"的可能，只是我帮我的孩子成功找到了开启这扇"奇迹大门"的钥匙。在这个过程中，比较幸运的是我遇到了VIPKID这样优质的教育平台，帮我成为一个科学育儿的智慧妈妈，也让我的孩子自信地成长，变得更加优秀。

作为一名在中关村高科技行业的知名创业企业工作的妈妈，我平时十分忙碌，但同时我也希望给予孩子高质量的陪伴，让孩子拥有最好的教育。随着孩子在成长过程中的学习需求越来越丰富，我逐渐意识到应该为孩子拓展更多的知识渠道，面对孩子最先出现的外语学习需求，我就找到了VIPKID。

之所以选择VIPKID，一方面是因为它的在线教育模式，孩子能随时随地上课，这可以节省我大量的出行时间；另一方面，是因为VIPKID全北美外教的纯正口语教学，满足了我对英语教学的期待——我一直认为孩子学英语或者其他语言并不只是为了交流，不同思维方式的培养更加重要。

刚开始，我给孩子约课的频率很高，一周3次课。但我慢慢地发现，他不再需要我的催促，有时候我忘记约课，他还会提醒我："妈妈，你怎么还没给我约课"！我就好奇地问他为什么这么喜欢 VIPKID 的课，他告诉我，"贾斯汀（Justine）老师上课太有趣了，我什么事情都想跟她分享，她已经是我最好的朋友了"！他的回答让我很吃惊，这跟传统辅导班带来的效果完全不一样！有一次，我偷偷听他和外教上课，他那种自信表达的样子让我非常惊喜。

在学校，仝一快速进步的英语水平也引起了同班同学和他们家长的关注，很多家长来问我孩子进步的秘诀。通过和其他家长交流，我发现家长普遍存在着教育焦虑。很多家长的问题都是，给孩子报了这么多补习班，怎么成绩还是没有进步啊！

孩子的成长只有一次，孩子的成长经历不能丢失"快乐基因"。区别于其他同学每周布满日程的排课表，仝一只保留了一门 VIPKID 的英语补习课程，更多时候，他都是在体育场上跟一、二年级的小朋友踢足球，在课余时间研究科学实验，读课外读物。而给仝一留下 VIPKID 课程的原因是，在 VIPKID，孩子不仅英语语言能力得到了很大提升，更重要的是培养了学习兴趣，接触到了丰富的课外资源，有了国际化视野，这也为他后来参加国际竞赛打下了全面的基础。所以，对于孩子的教育而言，盲目补习只是浪费孩子的时间和精力，真正选择孩子感兴趣的、对孩子未来发展有益的课程，更有利于孩子成长。

其实，对于教育而言，每个孩子都是独一无二的，都有自己的偏好和优势。作为家长，在陪伴孩子成长的过程中，我们要做的是尽可能地帮助他们发展自己的个性，最大限度地发挥他们的自主性。成长其实是一个"马太效应"的呈现过程，寻找孩子个性化发展的突破点，帮孩子打开热爱世界的大门，那么，孩子的一切"奇迹"也将如期而至。

仝一的成长经历并不是一帆风顺的。在他小学一年级的时候没发现明显的问题，但到了二年级，特别是下半学期，我明显感觉到他的严重胆怯，不自信，跟现在看到的仝一完全判若两人。为此我无比焦虑，但我觉得不能坐以待毙，必须主动帮助孩子寻找他的闪光点，建立自信。

因为英文是仝一的特长，恰巧学校让他报名参加中央电视台的《希望中国》节目，我觉得机会来了。孩子通过在VIPKID学习，英语技能得到快速提升，加之精心的准备，他以北京市小低组第一名的成绩荣获北京市总决赛一等奖，同时还被授予"中英双语主持小达人"奖。我邀请了他们学校的高校长亲自给他颁奖，来激发他更强的荣誉感，因为校长在孩子们心目中的影响力很大。至今，我都非常感激这位校长，因为我清晰记得颁奖那天，孩子放学后跟我说校长亲自给他颁奖时的那个激动的小模样。

荣誉接踵而至，同年，仝一又获得了当年全国总决赛的一等奖，DI[①]全球赛事的各个奖项，等等，孩子的自信也随之慢慢建立起来，甚至在科技社团老师的支持下，他成了学校的获奖小达人。

---

① DI 即 Destination Imagination 的缩写，中文名为头脑创新思维竞赛，是一项国际性的培养青少年创造力的活动。——编者注

所以，我认为在孩子擅长的领域里做精心培养，让孩子发挥自身优势创造"奇迹"，可以从主观上改变他潜意识的自我认知，帮助孩子建立自信，让孩子更健康、更全面地发展。

最后我想说的是，作为一名妈妈，我非常理解父母对于孩子成长的期待，但是面对教育焦虑，我们更应该"尊重孩子""给予孩子恰当的期待值"，同时，为孩子探求最适合的教育方式。十分幸运，我的孩子现在可以在这个阶段做得还比较好。在此我要感谢VIPKID的出现，让我在教育孩子的路上事半功倍，也让我对孩子未来的成长有了更多的信心。

遇见更大的世界

王珠珠（Jenny Wang）

王珠珠，马启轩即奥利弗（Oliver）的妈妈，在此记录了一个关于孩子成长的故事。

我是中国西安市一个9岁孩子的妈妈，我的儿子英文名叫奥利弗，他是一个热情开朗，也十分幽默的孩子，他讲的笑话常常让身边的朋友哈哈大笑，他有很多的兴趣爱好，喜欢篮球，身上总是充满无限活力。当然他也有安静的一面，喜欢弹钢琴，不是为了考级，而是能真正沉浸在音乐的世界中。

我是一名计算机在读博士，而奥利弗的爸爸是一名大学老师。

关于孩子未来的成长，我和他的爸爸的愿望都很简单，希望他可以热爱生活，接受良好的教育，也希望他能够具备出色的能力，尽可能地去选择自己想要的生活，遇见更大的世界。

两年前，奥利弗的爸爸去美国一所大学交流访问，我们带着奥利弗到美国盐湖城生活了7个月。奥利弗在3月进入一所当地小学，读一年级下学期，这对他来说是相当大的挑战。

去美国之前，奥利弗连一个单词都不会写，英文能力几乎为零，只在幼儿园学过一些"Hello"（你好）、"Thank you"（谢谢）。我们都很担心，他能不能顺利适应美国的小学。

但这似乎并没有给他在美国的生活和学习造成很大的障碍，反而他的英语水平进步飞快。

这可能与美国的教学方式有关。与中国教学模式不同的是，美国的教学环境相对宽松，奥利弗非常乐意去融入当地的学习生活。他的班主任也给了他很多额外的帮助和鼓励。比如，课堂中的一位老师会专门负责奥利弗的教学，用一些手势帮助他去理解和交流。

仅仅两个月后，奥利弗就可以听懂老师的上课内容了，他还和很多美国小朋友成了朋友。一开始，我们会为他讲解小朋友玩游戏的规则，帮助奥利弗加入其中。起初奥利弗是沉默的，但过了一段时间，我们可以透过窗户听到整个院子都是他的欢笑声。就当我和他的爸爸还在惊讶于这个变化时，奥利弗自己早已在开心地享受异国生活了。

在美国的时间过得飞快，但是总有很多有趣的事情发生，而奥利弗也带给我们越来越多的惊喜。让我记忆深刻的一个故事发生在奥利弗上学的第二学期。有一次学校举行作文家长会，老师把我们叫到学校，非常郑重地跟我们表扬了奥利弗的作文。

"奥利弗夸张、比喻的修辞用得实在是太好了，每一次我看到他的作文都会忍不住哈哈大笑！"

当听说奥利弗只在美国学习了几个月后，老师更是大为惊讶。

"我一直以为他是在美国本土长大的孩子！他的英文运用能力和语言表达能力都很优秀。"

听到老师这样评价奥利弗，我和他爸爸的喜悦之情溢于言表。最后，直到离开美国的时候，奥利弗的结业成绩甚至超过了90%的本土同学。

丈夫的工作期限马上就要到了，我们不得不考虑回国后的安排。

在回国前，我和丈夫最担心的就是奥利弗离开了英语环境，会把学会的英语忘掉。所以在回国前，我就四处打听国内比较好的英语学习平台。一些有过相似游学经历的朋友都推荐VIPKID。奥利弗也说过，美国学校里有些老师就在VIPKID上课。在回程的飞机上，我给奥利弗报名了VIPKID，回国的第一周，奥利弗就开启了VIPKID的英语学习之旅。

奥利弗进入大学附属小学继续就读二年级，中国老师严格的教学方式和美国有着很大区别，有时一道题要重复做很多遍。奥利弗非常想念在美国的学习环境。

我们不想给奥利弗增加更多学习负担,他的所有课外班都是自己热爱的,比如篮球、钢琴,比如 VIPKID。对他而言,VIPKID 是学校学习之外的一种额外的奖励,在这里的学习是快乐的。除了喜欢 VIPKID 的主修课程之外,奥利弗还十分喜欢"外教带你看世界""单词对战"等辅修课程,并在其中学习了很多地道的英文表达。

VIPKID 的每一个外教都有着独特的个性,很多老师也成了奥利弗的好朋友,其中有 3 位老师让我印象深刻。

克里斯(Chris AH)是一位非常年轻又幽默风趣的男老师,性格和奥利弗如出一辙,两个人总能从生活中发现很多有意思的小事。奥利弗刚刚养了一只可爱的小乌龟,就迫不及待地跟他分享了乌龟的名字。克里斯特别喜欢喝咖啡,经常和奥利弗分享他的咖啡心得,渐渐地奥利弗只要看见和咖啡有关的信息就会留心记下来,在上课的时候跟克里斯老师一起讨论咖啡。

两人上课时,总能笑得前仰后合。奥利弗私下也跟这位外教成了好朋友,他还经常把家里的一些趣事讲给老师听。

不同于克里斯的幽默风趣,奥利弗的老师蒂莫西(Timothy O)是一位聪明、颇有见地的老师。蒂莫西经常会利用多年的教学经验帮助奥利弗解决一些难以克服的学习问题,还会帮助奥利弗形成一种长线的学习思维,让他能够更加从容地面对学习和生活中的难题。这位蒂莫西老师也让我十分敬佩。

奥利弗还很喜欢一位叫丽萨(Lisa ME)的老师,丽萨有着 19 年的教学经验,上课方式非常具有亲和力,用奥利弗的话来说,"丽萨就像外婆一样"。每节课上,面对奥利弗不准确的发音或者弄不懂的知识点,丽萨老师都会很耐心领读,一遍遍耐心地讲解,直到奥利弗掌握为止。

这些性格不同、教学方式各异、认真又专业的老师带给奥利弗丰富多样的学习体验。

国外的游学经历给了奥利弗对更大世界的初体验,而VIPKID的在线学习体验,让奥利弗延续了与世界的沟通,也让他对世界有了更加广阔的认知。关于孩子未来的成长,我们希望奥利弗能够把英文学习地更好,更好地接纳不同文化,拥抱世界,同时希望他能够以开放的姿态和饱满的热情去面对未来,成长为一个有国际视野、具有家国情怀的孩子。

■ 米雯娟

VIPKID 创始人及首席执行官

希尔顿酒店外面就是一片橙色的海洋，此时连酒店的空气中都洋溢着浓浓的激情和兴奋之情。这是一个具有历史意义的时刻，来自美国和加拿大的 500 多名教师聚集在芝加哥的希尔顿酒店，目的只有一个：与教育界的同行一起庆祝。我到这里是为了向他们表示感谢，与他们见面，聆听他们的故事，并与他们分享实现全球教育的愿景。事实上，他们的努力付出，正在帮我实现这样的愿景。

正如我们刚刚宣布的那样，我们的平台上已经有超过 600 000 名学生和 70 000 名教师，这更让我们的北美外教大会有了一种喜庆而积极的气氛。我看到老师们相互之间及与我们的美国同事和北京员工之间都建立起了联系。我们一直深受欢迎的恐龙吉祥物，此刻正在会场上四处走动，与一群又一群欢呼雀跃的老师合影留念。这种欢快的情绪极具感染力。但我希望借此机会回顾这些年来

VIPKID 所取得的巨大成就，并对在它背后不断给予支持、鼓励的教师群体表达敬佩之情。

一会儿，我将站在一排老师面前，因为他们正等着和我合影，并向我分享他们在 VIPKID 的故事。对许多人来说，VIPKID 已经成为他们的一种生活方式，成为他们每天都期待的东西，就像我们的学生会做的那样。许多人的生活已经因此发生了改变。如今，每两个在线学习英语的中国孩子之中，就有一个是 VIPKID 的成员。尽管我们为争取成功曾不得不努力拼搏，但现在我欣喜地看到，多年以来我的这个梦想正在逐渐变成现实。

回顾

我之所以创建 VIPKID，是基于一个简单的理念：每个孩子都应该获得全球化教育的机会，从而可以在优秀老师的指导下进行个性化学习。2013 年，中国只有 27 000 名北美英语教师。与此同时，中国每年有 1 500 多万个婴儿出生。因此，残酷的现实情况是：没有足够的师资来满足实体辅导中心或私人家教对英语学习的巨大需求。受教育程度越来越高、越来越具有全球化视野的中国家长正在寻找方法，让他们的孩子同样能从世界上最好的老师那里接受全球化教育。几年前，他们只能找一个住在中国的外教来进行辅导，并且可能要牺牲晚上或周末早上的时间，开车送孩子去上这些课。但随着技术的飞速发展，我意识到可以找出一种更好的解决办法。

17岁时，我和舅舅一起创办了一家英语实体辅导机构——ABC English。正是在那里，我培养出对教育的热情，并发现家长和学生的需求未能得到充分满足。在 ABC English，从课程开发、教师招聘到商业运作，我曾干过各种工作。正是在此基础上，我觉得自己可以进行一次富有科技含量的创业。然而，并不是每个人都认同我的观点，相反，有许多人质疑这样做的可行性。因此，我要实现自己的创业理想并不容易。幸运的是，发自内心的热情和乐观精神让我没有打退堂鼓。我还是起草了一份商业计划，并开始招募联合创始人。

2013 年 10 月 18 日，VIPKID 正式成立。当时，我们在中关村科技园区只有几张办公桌。中关村科技园区是北京的一个科技中心，被称为"中国的硅谷"。在那里，我和一个小团队一起开发并测试我们的技术和商业模式。那些日子我们夜以继日地工作，根本没有考虑最终是否会得到回报。我们花了将近一年半的时间来最终确定自己的产品，并确保其运行稳定有效。质量是我们的指导原则。我们一直致力于把 VIPKID 打造成自己心中的样子，并尽可能与潜在的合作伙伴及投资者洽谈，寻求他们的支持和指导。

即使技术最终落实，但我们仍然需要吸引学生和教师到平台上课才行。当时，许多家长对让自己的子女在网上学习持怀疑态度，因此我们很难招到第一批学生。我的联合创始人陈媛有一个小儿子，于是他就成了我们的第一个学生。我们一些早期投资者的孩子也自愿尝试在线上课。有了这样几个学生之后，我们还有更重要的工作，需要找到一个符合中国父母期望的优秀英语教师。

为了找到最好的老师，我亲自去美国招聘。我在网上与美国各地的老师交谈，做他们的思想工作，最终说服 10 位老师在 VIPKID 的平台上注册。虽然并不容易，但他们加入之后，我们信心大增。这时，关键的问题来了：师生关系会在网上蓬勃发展吗？学生真的会在线学习吗？老师能与学生进行有效沟通吗？

第一堂课就清楚地告诉我们：答案是肯定的。这个学生在课堂上表现得很投入，也很快乐，因为老师能够通过全身反应教学法给他讲解内容。老师甚至拿出四弦琴和他一起唱歌。第一堂课的教学效果令我无比振奋，我再次全力以赴地去宣传并扩大 VIPKID 在社会上的影响力。很快，通过口口相传的方式，我们有了 100 名学生。看到自己的孩子每晚都能得到外教的在线辅导，这种便利性让家长们很高兴，并且他们对在线教学的效果也印象深刻。我们的学生人数开始迅猛增长，以至于在公司发展的某个阶段，我们办公室的每位员工都得帮着进行宣传销售并引导用户注册。

与此同时，北美教师开始发现 VIPKID 的存在价值，并将其介绍给他们的邻居、朋友和同事。他们既不需要因此牺牲自己原来的事业，又能通过兼职做自己喜欢的事情——教书，并且每月还可以多挣几千美元！到了 2016 年，我们已经拥有 7 000 名教师。在 2017 年，我们的学生人数增加到 10 万。师生规模发展得如此迅猛，以至于我们不得不在北京的办公室夜以继日地工作，才能确保我们的技术手段满足需求。

那时我们发现下一步计划应该是在美国开设一个办公室，帮助培养和支持不断壮大的教师群体。但我们惊讶地发现，VIPKID 的教师已经以某种方式形成了自己独特的社区：无论是线上还是线下的社区，都已经发展成型。教师之间的面对面会议，即一位教师在家里或社区里接待一群教师，从而分享他们的经验和建议，在美国各地如雨后春笋般涌现。我们认识到教师社区的重要作用，并希望采取有力措施，帮助它进一步发展壮大。这些面对面会议也让我们深受启发，于是举办北美外教大会的想法由此诞生。

我们的第一次北美外教大会于 2018 年 3 月在美国的盐湖城举行。我们有一个由美国工作人员组成的小组，他们与教师志愿者一起设计这次活动。我们不知道会议会出现什么样的具体情况。当老师们穿着橙色衣服兴高采烈地涌入小酒店时，弄得我们都有点手忙脚乱。公司的吉祥物小恐龙突然出现时，老师们都激动万分。北美外教大会的重点是庆祝每位老师自己的 VIPKID 之旅，而那一整天的经历让人难以忘怀。我感到斗志昂扬、充满活力，继续努力建设比以前规模更大的全球教育。那时我就意识到，我们的教师社区对 VIPKID 的未来发展极其重要。

回到中国以后，我们知道自己可以采取更多措施，进一步扩大人们接受全球教育的机会。于是我们与马云公益基金会合作，通过将教育和技术带到互联网资源受限的中国农村地区，从而开始履行我们回馈社会的使命。我首先参观了四川省和云南省的一些农村地区。这最初只是一个不起眼的普惠项目，但现在的发展目标却是为中国农村的 10 000 多所学校提供高质量的教育。

VIPKID 自创建以来已经快 6 年了,但我们始终不忘初心。我们每天都在不懈努力,为世界各地的儿童提供高质量的个性化教育。2018 年,我们在韩国开设了第一家办事处,并开始改变韩国儿童的学习模式。虽然我们未来的旅程还很遥远,但是我可以向你保证:我们绝不会停下前进的脚步。

致谢

当然,通往真正全球教育的旅途不能只是我一个人孤独前行,在此有许多人值得我永远感激和感谢。

首先,感谢那些每天信任我们的家长。我们最关心的是帮助你们的孩子取得进步,并始终致力于不断提高 VIPKID 的服务质量,从而帮助他们更好地学习。我曾在许多个不眠之夜,思考如何才能让我们成千上万的学生接受世界上最好的教育。我意识到孩子的教育是最让父母操心的事情之一,在此我感谢你们能给我们提供这个宝贵的机会,让我们能为之尽一份绵薄之力。

然后,我要感谢我们的老师。没有老师们的支持,我们永远不会走到今天。是他们给 VIPKID 注入了生命的活力。这些老师曾冒着风险,加入我们这样一家他们可能从未听说过的中国公司,在此我感谢他们选择相信我们和我们的使命。无论何时我到美国或加拿大,我都会前去拜见尽可能多的老师。我喜欢听老师讲述 VIPKID

如何改变他们生活的故事。无论他们这样做是为了现在可以在家陪伴自己的孩子，还是出于对与世界各地儿童一起学习的热爱，这些故事对我来说都具有真正的鼓舞和激励作用。当我和他们在一起的时候，我能感受到他们对教学的热情和奉献精神，因此我致力于寻找新的方法来方便教师上课，并给他们创造更多教学机会。

之后，我要感谢我的团队。在我的办公室里，每天都有成千上万的员工和我一样致力于完成我们的使命。当人们问什么最让我引以为豪时，我总是回答，"当然是我的团队"！如果没有员工投入的时间和精力，VIPKID 就不可能成为 K12 教育中的领头羊。总之，即使用千言万语，也无法充分表达我对他们的感激和敬佩之情。我知道我们以后回忆起今天这一刻，会觉得它既充满艰辛，又意义非凡。谢谢在 VIPKID 的发展道路上，有你们一路相陪！

最后，我要重点感谢我们的合作伙伴和投资者的支持和贡献。我们希望只与优中选优的伙伴合作，这让我们找到了微软中国、牛津大学出版社、霍顿·米夫林·哈考特出版社、学乐出版集团、TESOL 国际、国家地理学习、斯特林等，他们是本行业的真正领袖，并在合作过程中为我们提供了专业的知识和指导，对我们的课程和服务产生了深远而持久的影响。我们也将永远感谢我们的投资者，他们从一开始就选择信任我们，并给予我们宝贵的指导。

在家长、教师、员工和投资者的支持下，VIPKID 的未来会比我们想象的更光明。

展望未来

当我周游世界并向人们分享关于 VIPKID 的故事时，我经常被人们问及教育和技术的未来。我认为在未来的世界里，技术的发展让我们能够与他人联系，提升教育效果，并改变教师的谋生方式。

我设想在未来的世界里，全球教育会把每个孩子和全球最好的老师联系起来。我想象在未来的世界里，芝加哥的学生和中国的学生一起去埃及的金字塔进行一次虚拟实地考察，并可以向一位在此领域的专家级老师请教问题。在未来，教育将变得没有国界，而地理障碍将被彻底打破。教室将不再受制于物理因素，相反，它将打破束缚，变成一个真正的云端教室。我坚信，当孩子们在认识周围世界时，能够与来自世界各地的孩子见面，并实地体验其他文化（即使是通过虚拟手段），那他们就踏上了一条成为全球公民的道路。

我设想在未来的世界里，每个孩子都能根据自己的反应速度和行为风格，以个性化的方式进行学习。技术将使我们能在许多方面对传统教室做出改进和完善。我们可以为学生设计一些"学习伙伴"，指导他们完成作业，并实时提供反馈信息。技术让我们能够知道学生在哪里遇到学习障碍，并把信息传递给他们的父母和老师。这是一个我们可以用来让学习更有趣的工具。例如，当一个学生能够通过增强现实手段看到复活的恐龙时，他们的好奇心将立即得到激发。通过将技术引入课堂，孩子们能够发挥他们的潜能，并成为终身学习者。

我设想在未来的世界里，技术能让教育变得更加普惠。我们现在能够让老师们的课堂视频在世界上大多数乡村教室里进行直播，可以向中国农村的 1 000 所学校提供免费的高质量英语教学，并且是由美国和中国的教师实时在线授课。今天的 VIPKID 正免费为中国的农村学校提供教育服务，否则他们将难以承担昂贵的学习费用。此外，我们计划在短短几年之内去帮助更多的孩子。除了我们继续给中国农村学生提供更多学习英语的机会之外，我们也开始探索一些可以向美国那些得不到充分教育的儿童提供学习机会的方法。

我设想在未来的世界里，教师职业将获得真正提升。教师可以赚取更多的收入，产生更大的影响，这样他们不仅可以成为自己学生心目中的超级英雄，而且也会成为自己孩子心目中的超级英雄，并为家人提供更好的生活质量。技术给教师带来影响的方式还不止这些。当田纳西州农村地区的教师通过给中国或韩国孩子上英语课来补充收入时，他们的潜力就得以增长。当科技能够承担给数学作业评分或纠正语法错误等机械的教学任务时，老师就有更多时间来关注孩子并发展宝贵的师生关系。

当我还是个孩子的时候，我就希望自己有朝一日，能够得到一种这样的全球教育。事实上，每个孩子都应该获得这种没有障碍、能够承担得起，而且具有个性化特征的全球教育。因为人类能够创造一个更美好世界的原因就在于我们持续不断地接受教育。教育中的每一个微小变化和创新都可能对人类发展产生深远的影响。我鼓励您加入完成 VIPKID 的使命中，这样我们就可以共同努力，为了未来而对每个孩子进行激励和赋能。

① VIPKID 的创始人米雯娟谈到了 VIPKID 与竞争对手的区别
https://www.youtube.com/watch?v=BC–CFiFwig

② 对一位改革教育的中国企业家进行的访谈
https://www.youtube.com/watch?v=Krdn_RvTQsM

③ 米雯娟如何建立全球最大的儿童英语学习平台 VIPKID
https://www.youtube.com/watch?v=eJVTnVVJtgY&t=15s

④ VIPKID 的 CEO 如何让教育成为一种世界语言
https://www.fastcompany.com/40525523/how–VIPKID–ceo–cindy–mi–made–education–a–universal–language

⑤ 米雯娟和陆奇分享企业家建立全球公司的建议
https://blog.ycombinator.com/cindy-mi-and-qi-lu-share-advice-for-entrepreneurs-building-global-companies/

⑥ VIPKID 如何成为中国竞争激烈的教育技术市场上最大的独角兽
https://medium.com/@EdtechChina/how–VIPKID–became–the–biggest–unicorn–in–chinas–fiercely–competitive–edtech–market–9969602705bd

⑦国家教育统计中心
https://nces.ed.gov/fastfacts/display.asp?id=372
http://www.chinanews.com/business/2018/04–08/8485552.shtml